Band 0347

Falken Bücherei

Taekwon-Do

Koreanischer Kampfsport

von Konstantin Gil

Mit über 400 Abbildungen illustriert

FALKEN-VERLAG · NIEDERNHAUSEN/TAUNUS

ISBN 3 8068 0347 1

Organisation: Wilfried Kehr
Fotos: Walter Ulrich
Gesamtherstellung: Neuwieder Verlagsgesellschaft, Neuwied

14 13 12 11 10 9 8

Inhalt

II. Teil: Kleidung und Zeremoniell

III. Teil: Kampftraining und Kampf

IV. Teil: Prüfungsordnung im DJB (9. KUP bis 1. DAN)

Vorwort

TAEKWON-DO kann ebenso als Sport wie zur Selbstverteidigung ausgeübt werden. Dieses Buch soll mit den Grundlagen dieses Kampfsystems vertraut machen; dabei kann es nicht nur dem Anfänger über die ersten Schwierigkeiten hinweghelfen, sondern auch dem Fortgeschrittenen als Trainingshilfe dienen.
Eine lange und harte Schulung war erforderlich, bevor dieses Buch geschrieben werden konnte. Dafür möchte ich an dieser Stelle meinen Trainern herzlich danken: Herrn Moon (4. Dan) und Herrn Bundestrainer Kwon (6. Dan).
Bei den Aufnahmen zu diesem Buch halfen mir: Michael Brenner (Deutscher Vizemeister 1972/73, Kurt Nauth (Bundessachbearbeiter für Prüfungswesen), Peter F. Gerber und Alfred Scheffler.

Konstantin Gil

Herr Kwon Jae-Hwa (6. Dan, Bundestrainer 1972) überreicht Herrn Moon, Jang-Keun (4. Dan) eine Anerkennungs-Plakette von ITF (Internationale Taekwon – Do Föderation)

Einleitung

Geschichtliche Entwicklung

TAEKWON-DO hat eine rund 1 800 Jahre alte Tradition. Am Anfang stand eine einfache Kampftechnik, „Subak“, in der vorwiegend Handtechniken angewendet wurden. Die alten Koreaner betrieben Subak auch als Turnierkampf, wobei sie die Schläge aber nicht wie im heutigen TAEKWON-DO kurz vor dem Ziel abstoppten, sondern bemüht waren, den Gegner möglichst so zu treffen, daß er kampfunfähig zu Boden ging.
Etwa 300 bis 400 Jahre später kam als zweite Kampfart das „Taekyon“ hinzu, bei der die Beintechniken dominierten. Dieser Name blieb, als sich beide Kampfarten schließlich zu einem System vermischt hatten.
Während der dann folgenden Jahrhunderte erlebte Taekyon Höhen und Tiefen. In verschiedenen Provinzen Koreas wurde es stark mit chinesischen Techniken durchsetzt, woraus Namen wie „Kung-Su“, „Tae-Soo-Do“ usw. resultieren. Taekyon wurde in manchen Gebieten dank einiger alter Meister überliefert, in anderen Gegenden fiel es schließlich der Vergessenheit anheim.
Taekyon ist so alt wie die Geschichte des „Hwarang-Do“; seine primitiven Anfänge reichen 1300 Jahre zurück, bis zur Sylla-Dynastie. Sylla war das kleinste jener drei Königreiche, in die Korea damals geteilt war, und lebte in ständiger Furcht, entweder aus dem Norden vom Königreich „Koguryo“ oder aus dem Westen von „Baekchae“ überfallen und besetzt zu werden. Etwa um 500 n. Chr. wurden die Übergriffe seitens Koguryo unerträglich. Syllas König Chin-Hung, der bereits seit 37 Jahren regierte, rief die Jugend auf, das Vaterland zu verteidigen; es wurde eine straffe Organisation, „Hwarang-Do“, gebildet, um die nationale Krise zu beenden. Hwarang-Do respektierte die Monarchie, förderte und übte die Kriegskünste, aber auch Literatur, Musik und Moral; man pilgerte zu berühmten Bergen und Flüssen, um dort das körperliche und geistige Training zu vervollkommnen. Dem Hwarang-Do-General Kim-Yu-Sin gelang es um 668 n. Chr. schließlich, die drei Königreiche zu vereinigen.
In der folgenden Dynastie „Yi“ erreichte Taekyon seinen Höhepunkt, um in den dann folgenden Jahrhunderten immer mehr abzuflachen und schließlich nur noch von Veteranen aufrechterhalten zu werden.
Nach der Besetzung durch Japan wurde das Taekyon-System nochmals vermischt durch Karate.
Der Name TAEKWON-DO wurde erst 1955 durch die höchsten Dan-Träger Koreas geprägt. „Tae“ heißt soviel wie Springen, Stoßen und Schlagen mit den Füßen, „Kwon“ (wörtlich: Faust) bezeichnet die Handtechniken, und „Do“ bedeutet Art und geistigen Gehalt dieser Sportart. Der Name resultiert aus folgender Überlegung der Dan-Träger:

Da in dieser Sportart Hände und Füße als Waffen eingesetzt werden, sollte dies aus dem Namen sofort zu erkennen sein; gleichzeitig sollte der Name auch zeigen, daß TAEKWON-DO nicht nur eine körperliche Disziplin ist.
General Choi-Hong-Hi, der auch der Vater des TAEKWON-DO genannt wird, entwickelte die alten Taekyon- und Subak-Techniken zu jenem modernen Kampfsport, wie wir ihn heute kennen. Durch seine Vorführungen und einer eigens zu diesem Zweck zusammengestellten Gruppe koreanischer Großmeister wurde TAEKWON-DO schließlich 1965 auch in Deutschland bekannt. Der rasante Kampfsport gewann rasch Anhänger und wurde von koreanischen Meistern überall verbreitet. Bereits 1968 gab es die ersten Deutschen Meisterschaften; weitere folgten 1969, 1972 und 1973.
Zwei Jahre Organisationsarbeit waren erforderlich, um TAEKWON-DO im DJB zu festigen. Die Richtlinien mußten für europäische Verhältnisse erarbeitet werden.
Die ersten Weltmeisterschaften im TAEKWON-DO fanden 1973 in Seoul (Korea) statt. Die Deutsche Mannschaft belegte den 5. Platz.

Prinzipien

Wer TAEKWON-DO erlernen will, hat meistens zunächst den Gedanken, schnell mal ein paar Tricks zu lernen, wie man am besten „jemanden umhaut". Auch ich war am Anfang nicht frei davon.
Nach dem ersten Training meint man, dann buchstäblich nichts gelernt zu haben; denn anfangs muß man unverständlich scheinende, zum Teil schmerzhafte und langweilige Stellungen lernen. So wird der Schüler aber sofort mit einem wichtigen Teil des „DO" konfrontiert, nämlich *Ausdauer.* Vier von fünf Anfängern scheitern bereits an dieser ersten Hürde.
Wer trotz anfänglicher Enttäuschung weiter trainiert, bekommt bald kräftigere Muskeln; seine Reaktionsfähigkeit steigert sich, er wirkt lockerer als vorher und wird körperlich gewandter. Neben solchen Vorteilen beginnt – für den Schüler meist unmerklich – ein positiver geistiger Umwandlungsprozeß. Das Selbstvertrauen wächst. Das Benehmen ändert sich. Der Schüler wird zunehmend höflicher und bescheidener. Er übt Selbstkritik.
Das sind erklärte Ziele des TAEKWON-DO, die aber nur erreichen kann, wer sich in diesen Dingen übt, und zwar bereits im Training. TAEKWON-DO will körperlich und geistig rege, faire Menschen heranbilden.

I. TEIL

Grundtechnik

Michael Brenner (3. Dan, Deutscher Vizemeister 1972) bei der Ausführung des Tymyo-Pondae-Dolyo-Chagi

A. Stand und Stellungen

Wichtigstes Merkmal einer richtig ausgeführten Technik ist ein guter Stand. Es ist deshalb wichtig zu wissen, wie man Füße und Beine stellt, um das Gleichgewicht zu halten oder mühelos eine günstigere Position zu erreichen. Ist der Stand schlecht, bleibt die ausgeführte Technik wirkungslos und man kann sogar aus dem Gleichgewicht kommen. Im allgemeinen gilt die Regel: Wer das Gleichgewicht verliert, hat keine Übersicht und ist am verwundbarsten, weil die Aufmerksamkeit im Bemühen, es wieder zu erreichen, abgelenkt ist.

Eine der wichtigsten Regeln heißt, daß der Oberkörper immer aufrecht sein soll: Er macht die Bewegungen, z. B. beim Gehen, als Ganzes mit; er darf weder vorausgeschickt, d. h. vorgebeugt, noch nachgezogen, also zurückgelehnt werden.

Um sich schnell bewegen zu können, soll der Körper in der Bewegung locker sein. Ist die gewünschte Stellung erreicht, muß der ganze Körper, d. h. Arme, Beine, Oberkörper, vor allem Bauchmuskeln und Unterbauch, für einen Augenblick fest angespannt werden; kurz vor dem Anspannen einmal schnell und kurz ausatmen, dabei aber nicht die ganze Luft ausstoßen.

Die Augen blicken in die Bewegungsrichtung, das Kinn ist etwas angezogen.

Dieser gute Stand ist Vorbedingung für die einzelnen Stellungen.

1. Moa-Sogi (Geschlossene Stellung)

Abb. 3 und 4

Diese Stellung dient vor allem der Konzentration und dem Grüßen. Der Körper steht sehr gerade. Die Füße sind geschlossen, d. h. Fersen und Zehen beider Füße berühren sich. *Moa-Sogi* ist die Grundlage für Ausweichs- und Angriffsmöglichkeiten nach allen Richtungen.

3

4

5

2. Narani-Sogi (Parallel-Stellung)

Abb. 5 und 6

In *Narani-Sogi* bereitet man sich auf Partnerübungen bzw. eine Aufgabe vor:

Oberkörper aufrecht halten. Die Füße stehen parallel und in Schulterbreite auseinander.

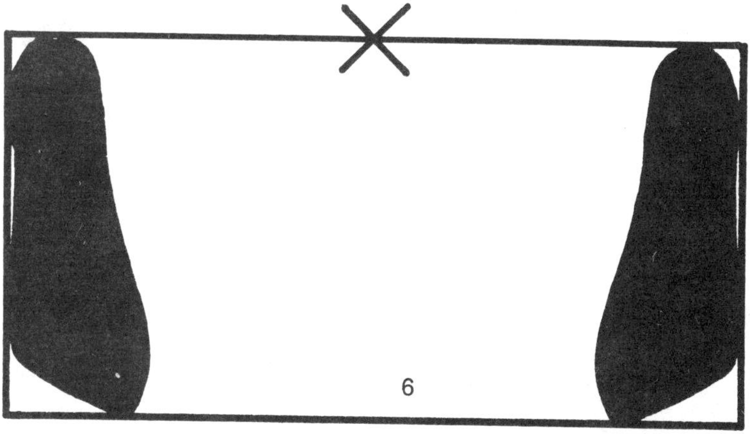

6

3. Chongul-Sogi (Vorwärts-Stellung)

Chongul-Sogi ist sehr vielseitig anzuwenden. Sie bietet gute Ausweichsmöglichkeiten, ist sehr gut zum Blokken geeignet und durch den festen Stand werden die Angriffe gefährlich.

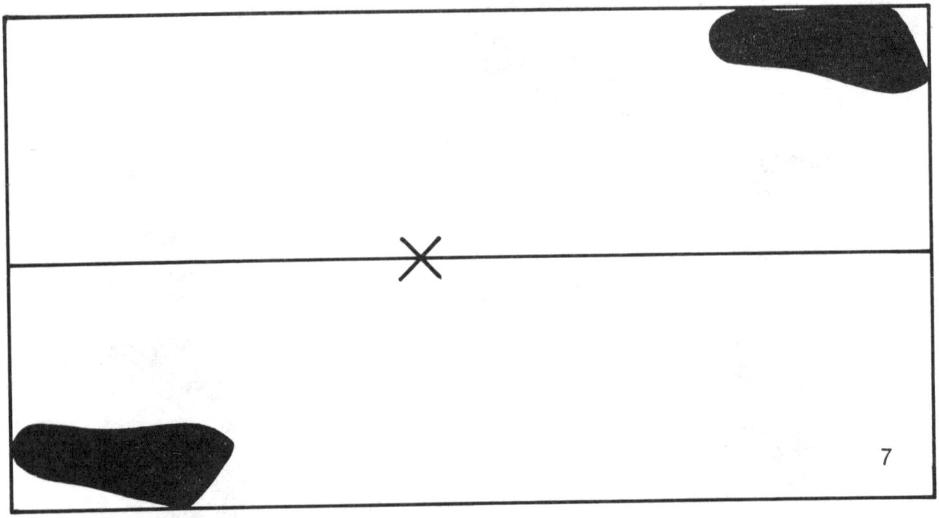

7

Der Abstand zwischen den Zehenspitzen des hinteren und denen des vorderen Fußes soll mindestens drei eigene Fußlängen betragen. Die Fußaußenkanten stehen in Schulterbreite auseinander. Das vordere Bein ist gebeugt, der Unterschenkel bildet eine senkrechte Linie. Das hintere Bein ist gestreckt, die Hüfte eingedreht. Die hintere Ferse soll nicht vom Boden abheben, die Zehen zeigen so weit wie möglich nach vorn. – Darüber hinaus gelten die Stand-Regeln.

Zum Üben zunächst *Narani-Sogi* einnehmen; anschließend erst mit dem rechten, dann mit dem linken Bein in *Chongul-Sogi* je zehnmal vorwärts gehen.

Abb. 7, 8 a bis 8 d

Das gleiche rückwärts wiederholen.

Abb. 9a bis 9d

Nach jedem Schritt die Stellung kontrollieren und verbessern, anschließend in die Ausgangsstellung zurückgehen.
Es ist die einfachste und beste Art, eine Stellung zu erlernen. Deshalb sollte diese Methode auch bei den anderen Stellungen angewandt werden.

8 a

8 b

3.1. Gehen in Chongul-Sogi

Eine sichere, schnelle und rationelle Bewegung vorwärts oder rückwärts wird erreicht, wenn man sich beim Gehen nicht auf- und abbewegt. Auf- und Abbewegung entsteht beim Vorwärtsgehen durch das Strecken des vorderen Beins und beim Rückwärtsgehen, wenn das hintere Bein nicht ge-

8 c

8 d

beugt wird. Weil man dadurch an Schnelligkeit verliert, kann der Gegner leichter einen Angriff abwehren bzw. einen ins Ziel bringen. Aus diesem Grunde soll man gehen, als bewege man sich unter einer niedrigen Decke. Dabei ist es sehr wichtig, den Oberkörper weder vorzubeugen noch zurückzulehnen oder zur Seite zu neigen.

Die Abbildungen 8 a bis 8 d zeigen die Vorwärtsbewegung und 9 a bis 9 d die Rückwärtsbewegung. Dabei ist zu erkennen, daß der Schwerpunkt in *Chongul* sehr tief liegt, und zwar weil in einer tiefen Stellung ein besserer Stand gewährleistet ist als in einer hohen. Das gilt entsprechend auch für andere Stellungen.

Merksatz: Je tiefer der Schwerpunkt des Körpers liegt, desto schwerer ist es, ihn aus dem Gleichgewicht zu bringen, und desto stärker sind die eigenen Angriffe.

9 a 9 b 9 c 9 d

3.2. *Wenden und Ausweichen in Chongul-Sogi*

10 a

Durch Wenden kann ein geschickter Kämpfer einem Angriff ausweichen oder auch zuvorkommen, kann aus einer Stellung in eine andere hineingleiten, ohne seinen Standort wesentlich zu verändern. Dadurch täuscht er den Gegner, dessen Angriff ins Leere geht bzw. mühelos abgewehrt werden kann.

Es gibt verschiedene Wendungen.

a) Wenden auf der Stelle:
Abb. 10 a bis 10 d

10 b

10 c

10 d

Diese Wendung ist auf engstem Platz durchführbar. Sie wird deshalb oft beim Training im Übungsraum (Dojang) angewandt.
Beim Wenden zunächst den Kopf drehen und nach hinten blicken (Abb. 10b); das muß vor jeder Wendung gemacht werden, um im Ernstfall nicht blind in einen Angriff hineinzulaufen. Anschließend den vorderen Fuß parallel zum hinteren auf Schrittlänge umstellen (Abb. 10c), dann den hinteren Fuß parallel zum vorderen setzen, Hüfte eindrehen, den nun hinteren Fuß nach vorn drehen und das Bein strekken (Abb. 10d). Dabei auf den Schwerpunkt achten; nicht hochgehen, Oberkörper gerade halten (Gleichgewicht). Ausatmen und Körper nach der Wendung anspannen.

11 a

11 b

b) Wenden mit dem vorderen Bein:
Abb. 11a bis 11c
Diese Wendung ist praktisch ein Ausweichen gegen Angriffe von hinten. Das vordere Bein wird um zwei Schulterbreiten (mit derselben Schrittlänge) vor sich selbst versetzt (Abb. 11b), dann erst wird der Körper gedreht und zugleich das nun hintere Bein gestreckt.

11 c

c) Wenden mit dem hinteren Bein:
Abb. 12 a bis 12 d

Mit dieser Wendung kann man einem Angriff von hinten zuvorkommen oder ihn vereiteln.

Der hintere Fuß wird um zwei Schulterbreiten hinter sich versetzt. Erst im letzten Moment dreht sich der ganze Körper in *Chongul-Sogi* ein.

12 a

12 b

12 c

12 d

d) Wenden mit Schritt:

Abb. 13 a bis 13 e und 14 a bis 14 d

Die Abbildungen zeigen deutlich, wie durch einen Schritt mit dem vorderen Bein oder mit dem hinteren Bein der Abstand zum Angreifer verkürzt oder vergrößert wird.

13 a

13 b

13 c

13 d

13 e

Diese Stellungen sind Grundlage für eine Vielzahl von Wendungen und Ausweichbewegungen; wer sie beherrscht, dem fallen alle anderen Wendungen sehr leicht.

4. Kima-Sogi (Seitwärts-Stellung)

Abb. 15 und 16 a

In *Kima-Sogi* bietet der Körper dem Angreifer nur wenig Angriffsfläche. Die extreme Seitwärts-Stellung ermöglicht außerdem einen sehr festen Stand nach beiden Seiten.
Die Füße stehen parallel in doppelter Schulterbreite (an Fußaußenkanten gemessen) voneinander entfernt. Die Zehen sind etwas nach innen gedreht. Knie beugen und möglichst weit nach außen drücken. Die hierbei entstehende Spannung ist maßgeblich am Gelingen der auszuführenden Techniken beteiligt. Das Gewicht wird auf beide Beine gleichmäßig verteilt.

16 a

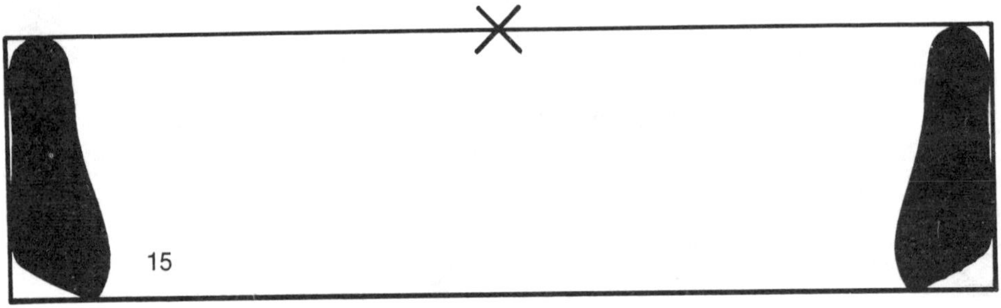
15

4.1. Gehen in Kima-Sogi

Abb. 16 b bis 16 d

Häufigste Fortbewegungsart in *Kima-Sogi* ist Überkreuzgehen, bei dem das hintere Bein in Bewegungsrichtung geführt wird, bis es das vordere überkreuzt.
Linken Fuß zunächst mit dem Ballen neben die Außenkante des rechten Fußes setzen; dabei entsteht *Kyocha-*

16 b

Sogi „Überkreuzstellung" (Abb. 16 b und 16 c). Dann wird das rechte Bein (bisher Standbein) in Bewegungsrichtung zu *Kima-Sogi* abgestellt (Abb. 16 d).

In der Bewegung einatmen und den Körper entspannen; in der Endphase der Übung ausatmen und den Körper spannen. Diese Regel gilt für alle Übungen.

16 c

16 d

17

4.2. Wenden in Kima-Sogi

In *Kima-Sogi* ist das Wenden ganz einfach ein Kopfdrehen von links nach rechts oder umgekehrt.

Daneben gibt es das Wenden mit Schritt, wobei ein Fuß entweder vor oder hinter dem Standbein herumgeführt und anschließend wieder zu *Kima-Sogi* abgestellt wird.

Abb. 17

5. Hugul-Sogi (Rückwärts-Stellung)

Hugul-Sogi ist die beweglichste Stellung, weshalb sie meistens als Kampfstellung gebraucht wird. Sie ist praktisch eine Variation von *Kima-Sogi,* nur daß der vordere Fuß um eine Fußbreite zur Seite gestellt und mit den Zehen nach vorn gedreht wird. Korrekt ausgeführt soll von der Ferse des hinteren Fußes zur Fußinnenseite des vorderen Fußes (der vordere Fuß ist leicht nach

19 a

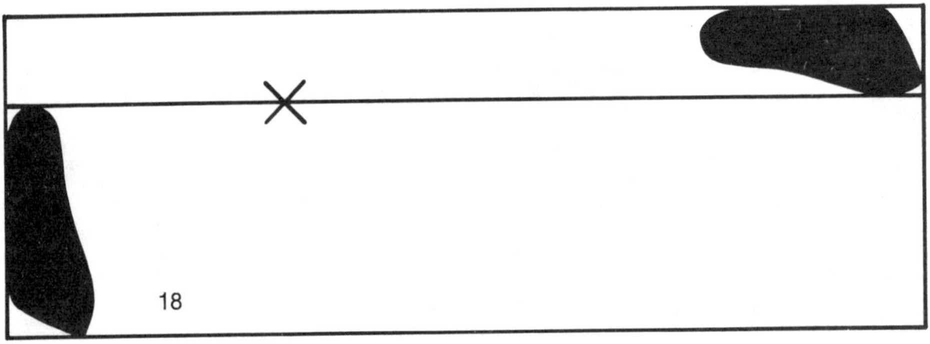

18

innen gerichtet) eine gerade Linie verlaufen.

Abb. 18

Während der Schwerpunkt beim *Kima-Sogi* in der Mitte liegt, wird in *Hugul-Sogi* zwei Drittel des Körpergewichts auf das hintere Bein verlagert; nur ein Drittel lastet auf dem vorderen.
Das hintere Bein beugen, so daß das Knie über den Zehen steht und der Unterschenkel sich von außen senkrecht zum Boden befindet. Das vordere Bein darf auf keinen Fall gestreckt werden, weil sonst die Beweglichkeit verlorengeht; es wird leicht gebeugt.
Abb. 19 a

5.1. Gehen in Hugul-Sogi

Abb. 19 b bis 19 g

Beim Vorwärtsgehen in *Hugul-Sogi* wird zuerst der vordere Fuß nach außen gedreht (Abb. 19 b), erst dann

19 b

19 c

19 d

19 e

19 f

19 g

macht das hintere Bein den Schritt nach vorn (Abb. 19 c und 19 d).

Um das Knie des hinteren Beins beim Rückwärtsgehen nicht zu überlasten und den Rückwärtsschritt blitzschnell durchzuführen, dreht man den hinteren Fuß nach innen. Die dadurch entstehende Spannung in den Beinen wird zum Zurückziehen des Vorderbeins genutzt (Abb. 19 e bis 19 g).

20 a

20 b

20 c

5.2. Wenden in Hugul-Sogi

Abb. 20 a bis 20 c

Die Wendung in *Hugul-Sogi* ist schnell und einfach: Vorderen Fuß um 90° nach innen drehen und zwei Fußbreit vom letzten Standpunkt entfernt ebenfalls nach innen absetzen (Abb. 20 b).

In gleicher Weise den hinteren Fuß nach außen bewegen (Abb. 20 c). Das Wenden mit Schritt vollzieht sich genauso wie das normale Vorwärts- oder Rückwärtsgehen, lediglich die Stellungsrichtung hat gewechselt.

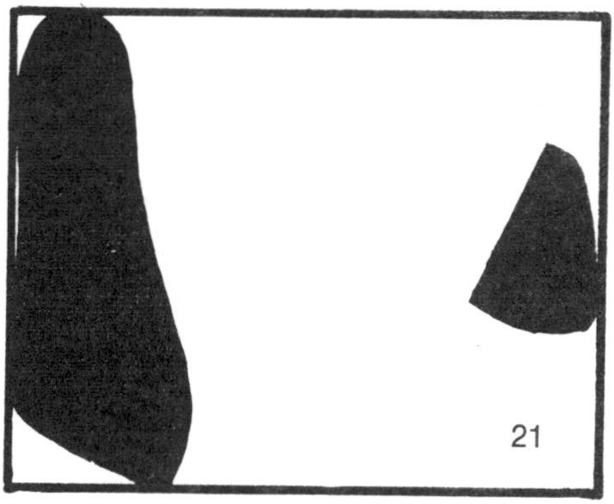

6. Dytpal-Sogi (Rückbein-Stellung)

Dytpal-Sogi gilt im Freikampf als gebräuchlichste Ausweichstellung, weil der Spannungsgehalt für einen eventuellen Gegenangriff in ihr besonders hoch ist.

Das Gewicht lastet zu 90 Prozent auf dem hinteren Bein, das gebeugt ist wie in *Hugul-Sogi.* Das vordere Bein steht – ebenfalls stark gebeugt – nur mit dem Fußballen auf dem Boden, etwa $1\frac{1}{2}$ bis 2 Fußlängen vom hinteren entfernt.

Abb. 21 (Schema)

Abb. 22 a und 22 b

B. Armtechniken

Zu den Armtechniken zählen sämtliche Bewegungen, die mit Händen und Armen ausgeführt werden.
Der TAEKWON-DO-Sportler benutzt fast alle Teile der Hände und Arme zum Schlagen, Stoßen und Blocken. Von den zahlreichen Anwendungsmöglichkeiten sollen hier die wirkungsvollsten beschrieben werden.
Dabei gilt wiederum: Einatmen in der passiven Phase; kurzes Ausstoßen der Luft (manchmal mit einem kurzen lauten Schrei – Kihap) und kurzes, plötzliches Arretieren der Technik bei gleichzeitiger Anspannung des *ganzen* Körpers. Eine nur teilweise Anspannung würde bewirken, daß selbst eine hart ausgeführte Technik nach dem Gesetz des Rückstoßes sich in die nicht angespannten Teile des Körpers verteilt und die Wirkung der Technik abschwächt.
Der Körperschwerpunkt soll tief sitzen, ohne jedoch schnelle Bewegungen zu behindern.

Palkup-Naeryo-Ap-Tulki, ausgeführt von K. Gil

1. Stoßtechniken

Im TAEKWON-DO sind Stoßtechniken mit der Hand die schnellsten Techniken. Explosionsartig treffen sie nach einer blitzschnellen Bewegung auf kürzestem Weg das Ziel.
Zum Stoß braucht man kaum auszuholen; die Technik ist spontan einsatzbereit.
Eine gute Vorbereitungsgymnastik sind Liegestützen auf Fäusten und Fingerspitzen.

1.1. Chon-Kwon-Chirugi (Frontfaust-Stoß)

Fauststöße im TAEKWON-DO basieren auf folgenden Überlegungen:
Kleine Flächen: Das heißt, daß nicht die ganze Vorderfläche der Faust das Ziel trifft, sondern nur die Knöchel des Zeige- und Mittelfingers. Diese Technik verstärkt die Wirkung eines Stoßes um ein Vielfaches.

Chongul-Pandae-Chirugi, ausgeführt von Peter F. Gerber (2. Dan)

Geschwindigkeit: Je höher die Geschwindigkeit, desto stärker ist die freiwerdende Energie.
Plötzliches Abstoppen: Die Faust soll dabei ein Rammbock sein, der am Ziel plötzlich gestoppt wird und dabei seine Geschwindigkeitsenergie weitergibt.
Der ganze Körper muß fest angespannt sein und wie ein Block wirken; der Rückstoß der abgegebenen Energie würde sonst ihn selbst treffen.
Diese Regeln gelten für alle TAEKWON-DO-Techniken.

25 a

1.1.1. Paro-Chirugi (Gleichseitiger Stoß)

Abb. 25a–25e, 26

Paro-Chirugi ist ein gleichseitiger Fauststoß. Wenn in *Chongul-Sogi* das linke Bein vorn ist, wird der Stoß also auch mit der linken Faust ausgeführt (Abb. 25 a), denn die Vorwärtsstellung wird nach dem vorderen Bein benannt. Für die Rückwärtsstellung ist dagegen das hintere Bein maßgebend. Bei *Hugul-Paro-Chirugi* (rechts hinten) stößt auch die rechte Faust (Abb. 26).
Ein Fauststoß beginnt an der Hüfte (Abb. 25 a), wo die Faust mit dem Faustrücken nach unten bereitgehalten wird. Beim Stoßen sollen Unter- und Oberarm solange wie möglich Körperkontakt behalten (Abb. 25 b, c und d), d. h. sie streifen leicht den Körper. Schon wenn der Ellbogen etwas vom Körper abgedreht wird, beschreibt die Faust keine Gerade mehr, was die

25 b

25 c

25 d

25 e

26

Schlagwirkung stark vermindert. Kurz bevor der stoßende Arm sich streckt (Abb. 25 d), dreht die Faust sich aus ihrer Ursprungslage mit dem Handrücken nach oben (Abb. 25 e). Konform mit dem stoßenden Arm wird der andere zur Hüfte zurückgeführt und ebenfalls erst in Endposition mit dem Handrücken nach unten gedreht.

Beim Vorwärtsgehen in *Chongul-Paro-Chirugi* startet die Faust erst, wenn der Fuß die gewünschte Position fast erreicht hat; Stoß und Aufsetzen des Fußes zu *Chongul-Sogi* erfolgen gleichzeitig. Körper aufrechthalten und Schulter nicht vorschieben.

Wiederum in der letzten Phase Luft ausstoßen und den Körper anspannen.

Beim *Hugul-Paro-Chirugi* wird der Stoß erst ausgeführt, wenn fester Stand erreicht ist (Abb. 26).

Folgende Hinweise dienen dem Üben von Stoßtechniken:

Mit einer Schulter seitlich dicht an eine Wand stellen. Den Fauststoß üben mit dem auf der Wandseite befindlichen Arm. Dafür gilt: der Ellbogen darf die Wand nicht berühren.

Stöße abwechselnd zwanzigmal rechts, dann zwanzigmal links durchführen. Eine ziemlich harte, aber erfolgreiche Methode beseitigt das Schultervorschieben:

Mit dem Gesicht zur Wand in *Kima-Sogi* aufstellen und beide Fäuste nach vorn nehmen. Abstand zwischen Wand und Fäusten auf zwei bis drei Zentimeter fixieren. Anschließend abwechselnd rechts und links in Richtung Wand stoßen, ohne sie zu berühren. Der Übende wird sich hüten, die Schultern vorzuschieben, weil sonst die Faust unweigerlich an die Wand stößt.

1.1.2. Pandae-Chirugi (Seitenverkehrter Stoß)

Chongul-Pandae-Chirugi folgt meistens nach einer Abwehrbewegung. Er ist im Vergleich zu *Chongul-Paro-Chirugi* der stärkere, obwohl im Vorwärtsgehen langsamere Fauststoß, weil der nach vorn gebrachte Fuß zuerst fest aufsetzen muß, bevor die seitenverkehrte Faust stoßen kann. Das hintere Bein (also auf der Seite des stoßenden Arms) ist vor dem Stoß leicht gebeugt.

Abb. 27 a

27 a

Erst in der Endphase des *Pandae-Chirugi* wird es kräftig durchgedrückt, was bewirkt, daß die Hüfte sich zugleich mit dem Ende des Stoßes eindreht. Das verleiht der Technik eine enorme Härte.

Abb. 27 b

27 b

Hugul-Pandae-Chirugi wird ausgeführt wie *Chongul-Paro-Chirugi,* nur bilden die Schultern jetzt eine Linie mit dem stoßenden Arm.
Abb. 28

28

Das Eindrehen der Hüfte kann in *Chongul-Sogi* geübt werden, indem man beide Hände in die Hüften stemmt, das hintere Bein leicht beugt und sich in der Hüfte leicht zum hinteren Bein abdreht. Dann wird plötzlich das Bein gestreckt und die Hüfte kräftig nach vorn eingedreht. Diese Übung muß rechts wie links oft wiederholt werden.

1.1.3. *Sewo-Chirugi (Vertikalstoß)*

Sewo-Chirugi wird wie ein normaler Fauststoß ausgeführt. Er legt aber nur drei Viertel des Weges zurück und wird nur halb herumgedreht, so daß die Faust vertikal zum Boden steht.

Abb. 29

1.1.4. *Tyjibo-Chirugi (Umgedrehter Stoß)*

Tyjibo-Chirugi ähnelt dem vom Boxen her bekannten „uppercut“. Er wird ausschließlich in Nahdistanz benutzt. Der Stoß beginnt mit dem Faustrücken nach oben.

Abb. 30 a

Die Faust wird dann so weit nach vorn geführt, bis der Ellbogen die Hüfte erreicht.

Abb. 30 b

In diesem Moment muß die Faust so weit gedreht werden, daß der Faustrücken zum Boden zeigt. Zugleich wird der Ellbogen in die Hüfte gestemmt. Bevorzugt wird bei *Tyjibo-Chirugi* der umgekehrte Stoß in *Chongul-Sogi.*

1.1.5. Ssang-Kwon-Chirugi (Doppelter Fauststoß)

Die zuvor beschriebenen Fauststöße können auch mit beiden Armen gleichzeitig ausgeführt werden. In solchem Fall setzt man *Ssang-Kwon* (Doppelfaust) vor die eigentliche Bezeichnung.

1.1.6. Übungen zum Fauststoß

Die Stoßtechniken können durch folgendes Training verbessert werden: Als einfachste Methode gilt die Liegestütze auf den flachen Händen. Eine etwas erweiterte Form ist die Liegestütze auf den Faustknöcheln (Zeige- und Mittelfinger). Dadurch werden die Knöchel allmählich schmerzunempfindlich. In Ermangelung eines *Danryon-Dae* (Schlagpfosten) können die Liegestützen auch „hüpfend" gemacht werden. Beim Hochstemmen drückt man sich dazu so stark vom Boden ab, daß die Fäuste einige Zentimeter abheben und wieder auf die Knöchel zurückfallen. Der Fortgeschrittene kann auch die Liegestütze auf einer Faust versuchen.

In der Regel sollten höchstens zwanzig Liegestützen aufeinander folgen; im Verlaufe eines Trainingsabends können aber insgesamt zwischen sechzig und hundert ausgeführt werden.

Zur Abhärtung speziell der Faustknöchel ist der *Danryon-Dae* hervorragend geeignet. Um einen härteren Stoß zu erreichen, läßt der Fauststoß sich zusätzlich auch noch mit kleinen Hanteln, den sogenannten Hundeknochen, üben. Dabei sollte man aber darauf achten, daß die Arme nicht voll ausgesteckt werden, damit es keine Ellbogengelenk-Verletzungen gibt.

1.2. Palkup-Tulki (Ellbogenstoß)

Neben den Knien sind die Ellbogen wohl die wirkungsvollsten und unempfindlichsten Waffen des TAEKWON-DO. Sie können allerdings nur in Nahdistanz gebraucht werden. Das ist der Grund, weshalb Ellbogen im sportlichen Wettkampf nur selten angewandt werden. Vor allem für die Selbstverteidigung sind sie aber von großer Bedeutung.

1.2.1. Dyt-Palkup-Tulki (Rückwärts-Ellbogenstoß)

Abb. 31

„Dyt-Palkup-Tulki" braucht kaum erläutert zu werden; er wird jedesmal mit dem zurückgehenden Arm beim Fauststoßen geübt.

32 a

1.2.2. *Ap-Palkup-Tulki* *(Vorwärts-Ellbogenstoß)*

Abb. 32 a + 32 b

Ap-Palkup-Tulki gibt es in zwei Ausführungen. In der ersten liegt die Faust in Vorbereitungsstellung an der Hüfte und der Ellbogen wird aus dieser Stellung direkt nach vorn geführt (Abb. 32 b). Die Variation erfordert ein kurzes Ausholen mit anschließendem Stoß (Abb. 32 a + b).

32 b

33

1.2.3. *Yt-Palkup-Tulki* *(Aufwärts-Ellbogenstoß)*

Abb. 33

Bei *Yt-Palkup-Tulki* wird der Ellbogen aus der Ausgangsstellung aufwärts gezogen, wobei der Unterarm ganz eng am Körper geführt wird und gebeugt bleibt.

1.2.4. Yop-Palkup-Tulki (Seitwärts-Ellbogenstoß)

Der stoßende Arm ist beim Ausholen so gedreht, daß der Faustboden zum Gesicht zeigt.

Abb. 34 a

Beim Stoß selbst bewegt sich die Faust nicht weiter als bis zur Brustwarze auf der Seite des stoßenden Armes; im letzten Moment dreht sie sich mit dem Faustboden nach unten.

Abb. 34 b

1.3. Kwansu-Tulki (Fingerstoß)

Fingerstöße zählen zu den schnellsten und gefährlichsten Techniken im TAEKWON-DO. Manche TAEKWON-DO-Kämpfer haben sich auf *Kwansu-Tulki* spezialisiert und können z. B. zentimeterdicke Bretter und Zementplatten mit den Fingerspitzen durchstoßen. Im Ernstfall könnten solche trainierten Finger wie Messer in einen Körper eindringen.

35 a

1.3.1. Chongkwansu-Tulki (Senkrechter Fingerstoß)

Chongkwansu-Tulki richtet sich vor allem gegen Solar Plexus und Kehlkopf. Eine Hand stößt von der Hüfte aus geradlinig auf das Ziel zu, die andere beschreibt einen Block mit der Handfläche und beendet ihn mit den Fingerspitzen unter dem Ellbogen des stoßenden Armes.
Abb. 35 a + b

35 b

35 c

Abbildung 35 c zeigt die Anwendung in der Praxis.

1.3.2. Pyongkwansu-Tulki (Waagerechter Fingerstoß)

Abb. 36 + 37

Pyongkwansu-Tulki richtet sich hauptsächlich gegen Genitalien, kurze Rippen, Nieren, Hals und Augen.
Bei *„Pyongkwansu-Tulki"* gegen die mittlere und untere Stufe beginnt der Stoß an der Hüfte; die Handfläche ist nach unten gerichtet, dreht sich aber kurz vor dem Auftreffen nach oben (Abb. 36). Bei Hals- oder Augenstößen, also gegen die obere Stufe, beginnt die Technik mit dem Handrücken nach unten. Auch hier wird die Hand kurz vor dem Ziel umgedreht, so daß dann der Handrücken nach oben zeigt (Abb. 37).

36

37

1.3.3. Übungen zum Fingerstoß

Auch diese Technik kann durch regelmäßiges Training verbessert werden. Um die Fingerkraft allmählich zu stärken, sollte man schwere Gegenstände, die gerade noch mit den Fingerspitzen zu fassen sind, anheben. Eine gute Übung ist zudem die Liegestütze auf den Fingerspitzen.
Zum Abhärten der Fingerkappen kann man mit den Fingerspitzen in einen mit trockenen Bohnen, Erbsen oder Sand gefüllten Eimer hineinstoßen.

2. Schlagtechniken

Schlagtechniken basieren weniger auf Kraft als auf der Schnelligkeit, mit der sie durchgeführt werden.
Da Schlagtechniken am Ausholen zu erkennen sind, werden sie zumeist beim Ausweichen oder aus der Körperdrehung überraschend angewandt.

2.1. Kwon-Taerigi (Faustschlag)

2.1.1. Rikwon-Taerigi (Fauströcken-Schlag)

Beim *Rikwon-Taerigi* wird mit dem Faustrücken geschlagen, d. h. mit den Knöcheln des Zeige- und Mittelfingers der oberen Faustseite.
Diese Technik beginnt mit dem Handrücken nach oben über der gegenüberliegenden Schulter; die Gegenbewegung führt den anderen Arm unter den schlagenden. Abb. 38 a
Zunächst soll der Oberarm mit dem Ellbogen genau in Schlagrichtung weisen. Dann bewegt der Unterarm sich zum Ziel, wobei die Faust immer noch mit dem Handrücken nach oben zeigt. Sie wird erst im letzten Moment herumgedreht. Abb. 38 b bis 38 d.

38 a

38 b

38 c

38 d

2.1.2. *Yukwon-Taerigi (Kleinfinger-Faustschlag)*

Yukwon-Taerigi beginnt wie *Rikwon-Taerigi* oberhalb der gegenüberliegenden Schulter, nur ist die Kleinfingerfaust dabei nach unten gerichtet.

Abb. 39 a

39 a

Geschlagen wird mit dem Faustteil unter dem kleinen Finger. Der Bewegungsablauf ist wie beim *Rikwon-Taerigi*. Wieder dreht sich die Kleinfingerfaust erst im letzten Moment zum Ziel.

Abb. 39 b

39 b

2.2. *Sudo-Taerigi (Handkantenschlag)*

2.2.1. *Sudo-Yop-Taerigi (Handkanten-Seitwärtsschlag)*

Der Handkantenschlag zur Seite erfolgt genauso wie *Yukwon-Taerigi,* nur wird er mit der offenen Hand ausgeführt.

2.2.2. *Sudo-Pakkuro-Taerigi (Handkantenschlag nach außen)*

Beim Ausholen zum *Sudo-Pakkuro-Taerigi* befindet sich die Schlaghand mit der Handfläche nach innen neben dem Ohr.

Abb. 40 a

Die andere Hand ist nach vorn ausgestreckt und macht die Gegenbewegung. Nach Ausführung des Schlages, bei dem die Handkante erst im letzten Moment nach außen gedreht wird, darf die Hand nicht über den Körper hinausgehen.

Abb. 40 b und 40 c

40 a

40 b

40 c

2.2.3. Sudo-Anuro-Taerigi
(Handkantenschlag nach innen)

Abb. 41 a bis 41 c

Der *Sudo-Anuro-Taerigi* erfolgt von außen nach innen, und zwar in einer Haltung, als wolle man eine Ohrfeige austeilen (Abb. 41 b); im letzten Moment wird die Handfläche nach oben gedreht (Abb. 41 c). Die andere Hand macht eine Gegenbewegung zur Hüfte.

41 a

41 b

41 c

42 a

2.3. *Yok-Sudo-Taerigi (Umgekehrter Handkantenschlag)*

Abb. 42 a bis 42 c

Yok-Sudo bezeichnet die Seite der Hand, an welcher der Daumen liegt. Die Schlagfläche reicht vom Zeigefingerknöchel bis zur Daumenwurzel. Der Daumen ist nach innen gebogen. *Yok-Sudo-Taerigi* beginnt an der Hüfte und beschreibt einen Bogen bis zum Ziel (Abb. 42 a bis 42 b), an dem die Handfläche nach unten gedreht wird (Abb. 42 c).

42 b

42 c

2.4. *Übungen zu Schlagtechniken*

Bei jeder Technik sollte versucht werden, die Hüfte einzusetzen, weil dadurch die Schläge an Wirkung gewinnen. Man sollte die Techniken zur Kontrolle auch vor dem Spiegel ausführen.

Übungen am *Danryon-Dae* und am Sandsack sind wichtig.

3. Blocktechniken

Eine Blocktechnik ist das letzte Mittel, um einen Angriff abzuwehren.

Im TAEKWON-DO ist es ein ungeschriebenes Gesetz, nur dann zu blocken, wenn ein Ausweichen nicht möglich ist oder nicht mehr in Frage kommt. Um aber auch in einem solchen Fall nicht getroffen zu werden, muß man Blocktechniken immer wieder üben. Von deren großer Anzahl seien die wichtigsten und wirkungsvollsten hier beschrieben.

3.1. Hadan-Makki (Block in der unteren Stufe)

3.1.1. Hadan-Pakkat-Palmok-Yop-Makki (Block in der unteren Stufe mit dem äußeren Unterarm)

Abb. 43 a bis 43 d

Der Block beginnt in Höhe der dem Blockarm gegenüberliegenden Schulter mit dem Faustboden zum Kopf. Der

zurückgehende Arm überkreuzt ihn und ist mit dem Faustboden nach außen gedreht (Abb. 43 a).

Der blockende Arm bewegt sich dicht am Körper vorbei (Abb. 43 b); erst kurz vor Block-Endstellung dreht sich der äußere Unterarm nach außen (Abb. 43 c und 43 d).

Die Faust erreicht die Endstellung über dem Knie, der Unterarm ist leicht angewinkelt, um zum Beispiel den Vorwärtstritt an ihm ins Leere hochrutschen zu lassen. Wäre der Arm gestreckt, bestünde die Gefahr einer Ellbogenverletzung, und wenn er zu stark gebeugt wäre, würde er zu schwach sein, um einen stärkeren Angriff abzuwehren.

Der Körper wird halb abgedreht (Abb. 43 d), um weniger Angriffsfläche zu bieten. Zugleich mit dem Block gleitet der andere Arm mit der Faust in Ausgangsstellung zurück an die Hüfte (Abb. 43 a bis 43 d).

44 a

44 b

3.1.2. Kyocha-Nullo-Makki (Kreuz-Druckblock)

Kyocha-Nullo-Makki dient besonders starken und schnell vorgetragenen Fußangriffen. Beide Hände beginnen an den Hüften.

Abb. 44 a

Anschließend stoßen sie zur Körpermitte nach unten.

Abb. 44 b

Der stärkere Arm befindet sich immer unten. Der Block erfolgt wie beim Fauststoß mit den Zeige- und Mittelfingerknöcheln beider Hände. Der Oberkörper darf nicht vorgebeugt werden.

3.2. *Sangdan-Makki (Block in der oberen Stufe)*

3.2.1. *Chukyo-Makki (Hebeblock)*

Abb. 45 a bis 45 d

Chukyo-Makki beginnt wie *Hadan-Pakkat-Palmok-Yop-Makki* (Abb. 45 a). Der blockende Unterarm wird vor dem Gesicht hochgezogen (Abb. 45 b). Erst kurz vor Errichtung des Blocks dreht sich der äußere Unterarm nach oben (Abb. 45 c und 45 d), gleichzeitig geht die andere Faust an die Hüfte in Ausgangsstellung und der Oberkörper dreht sich halb ab (Abb. 45 d). Der Unterarm ist in Blockstellung (Abb. 45 d) etwas abgeschrägt (etwa eine Faustbreite vor dem Kopf) und ragt seitlich ein wenig über den Kopf hinaus.

46 a

46 b

46 c

3.2.2. *Sangdan-Pakkat-Palmok-Yop-Makki (Seitwärts-Block in der oberen Stufe mit dem äußeren Unterarm)*

Abb. 46 a bis 46 c

Auch *Sangdan-Pakkat-Palmok-Yop-Makki* beginnt wie die beiden vorher beschriebenen Blöcke (Abb. 46 a). Der Unterarm wird zum Block nach vorn geführt, erst im letzten Augenblick dreht sich der Unterarm nach außen. Der Block geht nicht über den Kopf hinaus. Ober- und Unterarm bilden einen Winkel von 90°. Diesen Block kann man selbstverständlich auch in der mittleren Angriffs-Stufe anwenden. In gleicher Weise läßt sich mit der Handkante blocken.

3.3. *Chungdan-Makki (Block in der mittleren Stufe)*

3.3.1. *Chungdan-An-Palmok-Yop-Makki (Seitwärts-Block mit dem inneren Unterarm in der mittleren Stufe)*

Abb. 47 a bis 47 d

Die Faust des blockierenden Armes befindet sich anfangs etwa in Höhe der gegenüberliegenden Hüfte, der Faustboden zeigt nach unten. Der andere Arm hält sich in Höhe der Schulter des blockierenden Armes (Abb. 47 a), ebenfalls mit dem Faustboden nach unten.

Der Blockarm bewegt sich außen und der andere in Gegenbewegung innen. Abbildungen 47 b bis 47 d zeigen die einzelnen Phasen des Blocks. Vor allem ist darauf zu achten, daß der Innen-Unterarm so spät wie möglich nach außen gedreht wird, weil dadurch eine bessere Schockwirkung zu erreichen ist (Abb. 47 c und 47 d). Die Faust befindet sich in der Endphase in Schulterhöhe, Ober- und Unterarm bilden einen Winkel von 90°.

47 a

47 b

47 c

47 d

3.3.2. *Chungdan-Pakkat-Palmok-Ap-Makki (Vorwärts-Block mit dem äußeren Unterarm in der mittleren Stufe*

48 a

Abb. 48 a bis 48 d

Um einen *Chungdan-Pakkat-Palmok-Ap-Makki* vorzubereiten, wird der Oberkörper etwas abgedreht (Abb. 48 a). Der abwehrende Arm ist etwa 90° abgewinkelt, die Faust liegt auf Höhe der Schulterlinie. Der Faustrükken ist dem Gesicht zugewandt. Der zurückgehende abgewinkelte Arm befindet sich in Höhe der ihm gegenüberliegenden Schulter mit dem Faustrükken nach oben (Abb. 48 a).

48 b

Der Blockarm ebschreibt bis zum Einrasten einen Halbkreis (Abb. 48 a bis d); erst im letzten Moment wird der Handrücken nach außen gedreht (Abb. 48 c und d). In der Endstellung hält sich die Faust des blockenden Armes in Schulterhöhe, bei abgedrehtem Körper auch Halbprofil genannt, gegenüber der Schulter des zurückgehenden Armes (Abb. 48 d).

48 c

48 d

3.3.3. *Tu-Palmok-Makki (Doppelarm-Block)*

Abb. 49 a bis 49 c

Der stärkste Armblock im TAEKWONDO beginnt wie *Pakkat-Palmok-Ap-Makki* (Abb. 49 a). Bei *Tu-Palmok-Makki* ist der vordere Arm der blokkende und der hintere der stützende. Der Bewegungsablauf ist eine Variante des *An-Palmok-Makki,* nur daß jetzt der blockende Arm mit dem anderen Arm unterstützt wird (Abb. 49 a bis 49 c).

49 a

49 b

49 c

50 a

50 b

50 c

3.3.4. *Sudo-Taebi-Makki (Handkanten-Parade-Block)*

Abb. 50 a bis 50 c

Sudo-Taebi-Makki ist optisch wohl der schönste Block. Er muß sehr oft geübt werden, um ihn wirkungsvoll einsetzen zu können. An sich ist er nur eine Variante des *Pakkat-Palmok-Yop-Makki* (Abb. 50 a bis 50 c).

Obwohl *Sudo-Taebi-Makki* leicht aussieht, ist er schwierig für den Anfänger, weil er mit stärkstem Hüfteinsatz gebracht werden muß, um wirkungsvoll zu sein.

Der hintere Arm verleiht dem Block zusätzlich Schwung, damit er kraftvoll sein kann. Er muß sich genauso schnell bewegen wie die blockende Handkante. In der Endphase liegt er mit der Handfläche nach oben am Solar-Plexus (Abb. 50 c).

3.3.5. *Hechyo-Makki (Keil-Block)*

Abb. 51 a und 51 b

Hechyo-Makki ist ein Block, der gegen gleichzeitig ausgeführte oder dicht hintereinander folgende Angriffe (z. B. Würgen oder Doublette) eingesetzt wird. Beide Arme stoßen gleichzeitig aus der gekreuzten Stellung an der Brust keilförmig nach vorn. In der Endstellung sind beide Arme 90° angewinkelt, zwischen den Fäusten ist ein Zwischenraum von einer Kopfbreite.

3.3.6. *Wichtige Übungshinweise für Blocktechniken*

Prinzipiell kann eine Abwehr in jeder Stellung ausgeführt werden. Wenn bislang die eine oder andere Stellung bevorzugt wurde, dann nur deshalb, weil die betreffende Form die Abwehr optimal unterstützt. Nichtsdestoweniger sollten Blöcke auch in anderen Stellungen und außerdem seitenverkehrt geübt werden.
Es muß immer auf die Atmung geachtet werden. In der Endphase einer Technik ist der ganze Körper anzuspannen. Der Bauch soll dabei nicht eingezogen, sondern möglichst etwas herausgedrückt werden.
Zugleich mit Beendigung einer Abwehr kehrt der Arm wieder in die Ausgangsposition an die Hüfte zurück (ausgenommen bei doppelarmigen Blöcken).

Zum Abhärten der Unterarme ist Training am *Danryon-Dae* nützlich. Die beste Übung ist jedoch, gemeinsam mit einem Partner den gleichen Block auszuführen und die Unterarme gegeneinander zu schlagen. Zunächst ist dabei allerdings große Vorsicht angezeigt, weil Anfänger dazu neigen, den Arm nicht anzuspannen, wodurch Verletzungen, sogar Knochenbrüche passieren können, wenn man unkontrolliert durchschlägt.

C. Beintechniken

Das hervorstechendste Merkmal des TAEKWON-DO sind seine vielfältigen Beintechniken. Ein TAEKWON-DO-Sportler muß sie so lange üben, bis er damit genauso schnell und präzise zuschlagen kann wie mit den Händen.
Durch Reichweite und Kraft der Beine (ein Tritt ist etwa dreimal so stark wie ein Fauststoß) ist ein TAEKWON-DO-Kämpfer anderen überlegen, wenn er die Tritte richtig beherrscht.

Abb. 52

Tymyo–Yop-Chagi, ausgeführt von K. Gil

1. Schnapptritte

Abb. 53

Die schnellsten Beintechniken im TAEKWON-DO sind Schnapptritte. Getreten wird mit Fußballen, Spann oder Ferse.

Ap-Chagi, ausgeführt von Peter F. Gerber (2. Dan)

1.1. Ap-Chagi (Vorwärts-Tritt)
Abb. 54 a bis 54 f

Ausgangsposition kann eine beliebige Stellung sein (Abb. 54 a).
Das tretende Bein (hier das hintere) wird möglichst hoch angezogen (Abb. 54 b). Der Fuß muß mindestens in Kniehöhe des Standbeins sein und wird fest in Richtung Schienbein angewinkelt; die Zehen sind hochgestellt. Das Standbein ist leicht gebeugt, der Oberkörper etwas nach vorn geneigt (die Haltung wird während der Ausführung dieser Technik beibehalten).
Aus dieser Position wird das Bein ohne Verzögerung nach vorn gestoßen, bis es ganz gestreckt ist, wobei entweder mit Ballen Abb. 54 c
oder Spann (Hodentritt) Abb. 54 d
oder Ferse Abb. 54 e
getreten wird. Sofort nach dem Auftreffen ist das Bein wieder in Ausgangsposition (Abb. 54 f) zu bringen.
Weg und Geschwindigkeit des Beins nach vorn und zurück sind immer gleich.

54 a 54 b 54 c 54 d 54 e 54 f

1.2. *Dolyo-Chagi (Ballen-Drehtritt)*

Dolyo-Chagi umgeht praktisch die Abwehr eines Gegners und trifft durch die Deckung ins Ziel. Getreten wird mit Fußballen oder Rist. Der Fußballentritt ist wirkungsvoller, deshalb übt man den *Dolyo-Chagi* mit dem Ballen.

Aus einer Stellung (hier *Hugul-Sogi*, Abb. 55 a) schnellt das hintere Bein stark gebeugt hoch, bis der Unterschenkel möglichst waagerecht steht. Die Ferse liegt etwas über dem zum Schienbein hin angewinkelten Fuß, dessen Zehen hochgestellt sind. Das Standbein ist leicht gebeugt, der Oberkörper darf in der Hüfte nicht abgeknickt werden (Abb. 55 b).

Der Tritt erfolgt schnappend, wie bei *Ap-Chagi*. Beim Auftreffen ist die Ferse etwas höher als der vordere Fuß (Abb. 55 c). Das Bein wird anschließend sofort wieder gebeugt (Abb. 55 d).

Das Standbein wird beim Tritt um ca. 90° nach außen und der Oberkörper gegen die Trittrichtung gedreht (Abb. 55 c). Die Arme stehen in Abwehrstellung, um einen möglichen Gegenangriff abzublocken (Abb. 55 b bis d).

55 a

55 b

55 d

55 c

1.3. *Pituro-Chagi (Ballen-Drehtritt zur Seite)*

Abb. 56 a bis 56 d

Pituro-Chagi ist das Gegenstück zu *Dolyo-Chagi;* der Tritt geht von innen nach außen und trifft ebenfalls mit dem Fußballen. Bei *Pituro-Chagi* ist vor allem die Hüftgelenkigkeit entscheidend. Aus einem scheinbar unmöglichen Angriffswinkel ausgeführt, eignet *Pituro-Chagi* sich gut zu Überraschungsangriffen. Er muß ebenso flüssig und schnappend ausgeführt werden wie *Ap-Chagi* und *Dolyo-Chagi.*

Der Ansatz zu *Pituro-Chagi* ist ähnlich wie bei *Ap-Chagi,* nur wird die Fußsohle dem Knie des Standbeins zugewandt und das Knie zeigt in Angriffsrichtung (Abb. 56 b).

Das Standbein dreht sich wie bei *Dolyo-Chagi* beim Tritt etwas nach außen (Abb. 56 c) mit gleichzeitigem starken Einsatz der Hüfte, wobei der Oberkörper eine Gegenbewegung ausführt.

56 a

56 b

56 c

56 d

1.4. Übungen zu Schnapptritten

Für *Ap-Chagi* empfiehlt sich vor allem folgende Übung: Im Stand ein Knie hochziehen und aufrechtstehend ca. fünf bis zehn Sekunden mit beiden Armen gegen die Brust drücken. Übung mit jedem Bein mindestens zehnmal wiederholen.
Ein gutes Training fürs Gleichgewicht, speziell für *Dolyo-Chagi,* ist das sogenannte Scharnier. Man faßt das seitlich gebeugt hochgezogene Bein mit der Hand am Fußgelenk und zieht das Bein möglichst hoch an.

Abb. 57 a

Den Unterschenkel hält man waagerecht zum Boden, Fuß angezogen und Zehen hochgestellt; die Ferse muß etwas über dem übrigen Fuß liegen. Anschließend wird das Bein wie ein Scharnier waagerecht bewegt.

Abb. 57 b

Aus den beiden Abbildungen lassen sich die Hin- und Herbewegungen sowie die Gegenbewegungen des Oberkörpers deutlich ableiten.
Für das Gleichgewicht-Training abschließend noch folgende Übung:
Man stelle sich auf ein Bein und führe mit dem anderen einen der beschriebenen Tritte zehnmal hintereinander aus, ohne abzusetzen. Anschließend Beinwechsel.

57 a

57 b

Yop-Chagi, ausgeführt von Kurt Nauth (2. Dan, Bundessachbearbeiter für Prüfungswesen)

2. Fußstöße

Abb. 58

Die stärksten Tritte im TAEKWON-DO sind Fußstöße; sie sind aber etwas langsamer als Schnapptritte. Ihre relative Langsamkeit gleichen sie aber aus durch Kraft, starken Hüfteinsatz und größere Reichweite. Wegen dieser Reichweite sind Fußstöße bei TAEKWON-DO-Kämpfern besonders beliebt.

2.1. *Yop-Chagi (Seitwärts-Tritt)*

Abb. 59 a bis 59 f

Yop-Chagi wird in zwei Arten ausgeführt.
Die erste Variation beginnt am Knie des Standbeins. Das Knie des tretenden Beines zeigt in Angriffsrichtung, der Fuß weist mit der Sohle zum Standbein, die Zehen sind hochgestellt und die Arme befinden sich abwehrbereit in Angriffsrichtung. Der Tritt erfolgt mit starkem Hüfteinsatz, ohne daß der Körper seitlich wegkippen darf (Abb. 59 c und 59 f). Von Nachteil ist einerseits, daß der Tritt leicht abgeblockt werden kann, und andererseits – wie an der Abbildungsfolge 59 b, 59 c, 59 f deutlich zu erkennen ist –, daß der Fuß einen leichten Bogen beschreiben muß, der den Tritt abschwächt.

Die andere Ausführung ist ein geradliniger Stoß, mit einem Fauststoß vergleichbar.
Das Trittbein wird mit dem Knie zum Oberkörper angezogen; der Fuß, mit Fußkante und Ferse in Angriffsrichtung, befindet sich in Hüfthöhe und ist zum Schienbein angewinkelt. Die Zehen sind hochgestellt (Abb. 59 d).
Der Tritt erfolgt mit starkem Hüfteinsatz (Abb. 59 e und 59 f), getroffen wird mit der Ferse oder Fußkante. Dabei sollte die Ferse etwas höher liegen als der übrige Fuß.
Der Fuß des Standbeins wird beim Treten etwas nach außen gedreht, weil das einen besseren Hüfteinsatz ermöglicht. Das Standbein ist in jeder Phase des *Yop-Chagi* etwas gebeugt.

59 b

59 c

59 a

59 f

59 d

59 e

2.2. *Dolmyo-Yop-Chagi*
(gedrehter Seitwärts-Tritt)

Abb. 60 a bis 60 d

Wie die Übersetzung besagt, ist *Dolmyo-Yop-Chagi* ein Tritt aus der Drehung; Schnelligkeit ist dabei am wichtigsten, aber sie muß exakt sein. Durch kurze Kopf- und Körperdrehung sorgt man zunächst für Übersicht (Abb. 60 b); zugleich wird der vordere Fuß auf dem Ballen nach innen gedreht, bis die Ferse in Angriffsrichtung zeigt.

Der Tritt erfolgt danach wie bei der zweiten Ausführung des *Yop-Chagi* (Abb. 60 c und 60 d).

60 a

60 b

60 c

60 d

2.3. *Dyt-Chagi (Rückwärts-Tritt)*

Abb. 61 a bis 61 c

Wie bei *Ap-Chagi* wird auch beim *Dyt-Chagi* zunächst das Knie hochgerissen (Abb. 61 b). Danach erfolgt der Rückwärts-Tritt, wobei Unter- und Oberschenkel in Tuchfühlung mit dem Standbein geführt werden. Kopf und Oberkörper sind dabei weitmöglichst in Angriffsrichtung gedreht. Beim Treten ist die Ferse nach oben gerichtet (Abb. 61 c), das Standbein ist gebeugt.

61 a

61 b

61 c

2.4. *Übungen zu Fußstößen*

Abb. 62 a und 62 b, 63 a und 63 b, 64

Für Fußstöße lassen sich die gleichen Übungen verwenden wie für Schnapptritte. Außerdem ist Sandsack-Training angezeigt, damit die Tritte allmählich kraftvoller werden und das Stehvermögen sich verbessert.

62 a

62 b

63 a

63 b

64

Für Dehnung und Elastizität der Beine ist einfaches Beinschwingen vorwärts, seitwärts oder rückwärts eine hervorragende Übung. Am Anfang kann man sich dabei an Gymnastikleiter oder Stuhllehne festhalten (Abb. 62a bis 64). Beinschwingen nur üben, wenn der Körper vorher durch Gymnastik gut aufgewärmt ist. So werden Verletzungen der Beinmuskulatur vermieden.

3. Kniestöße

Die Knie sind die stärksten Körperwaffen überhaupt. Da sie aber nur aus nächster Distanz angewandt werden können, sind sie für den sportlichen Wettkampf von untergeordneter Bedeutung.
Für die Selbstverteidigung dagegen sind die Knie ausgezeichnet geeignet.

65

3.1. Murup-Ap-Chagi (Vorwärts-Kniestoß)

Abb. 65

Murup-Ap-Chagi entspricht praktisch der Anfangsphase von *Ap-Chagi* und ist in dem Moment ausgeführt, in dem das Knie hochgerissen wird.

66 a

3.2. Murup-Dolyo-Chagi (Knie-Drehtritt)

Abb. 66 a und 66 b

Murup-Dolyo-Chagi wird ausgeführt wie *Dolyo-Chagi,* nur ohne Beinstrekken.

66 b

67

Pandae-Dolyo-Chagi, ausgeführt von M. Brenner, 3. Dan

4. Fußschläge

Typische und auffallendste Techniken im TAEKWON-DO sind die Fußschläge. Sie können aus allen Lagen, auch aus nächster Nähe, wirkungsvoll eingesetzt werden. Abb. 67.

Als ich diese Tritte selbst einübte, streifte ich beim Trainingskampf einen Mitschüler mit der Ferse am Jochbein, worauf er für einige Minuten außer Gefecht war. Diese Erfahrung aus meiner Schülerzeit soll veranschaulichen, welche Dynamik in solchen Fußschlägen steckt, und zur Vorsicht beim Üben mit einem Partner ermahnen.

Fußschläge erfolgen zumeist mit der Ferse, aber auch mit Ferse und Fußballen oder mit der Fußkante.

4.1. Ap-Dolyo-Chagi (Fersen-Drehschlag nach vorne)

Abb. 67 a bis 67 e

Nach dem Übersetzen (Abb. 67 a) wird das Bein mit angewinkeltem Fuß, mit

67 a

67 b

der Fußkante möglichst waagerecht zum Boden, gestreckt schräg zum Ziel hochgezogen (Abb. 67 b und 67 c).

Der Schlag erfolgt waagerecht zum Boden mit der Ferse, wenn der Fuß die Höhe des Ziels erreicht hat (Abb. 67 c und 67 d), wobei die Hüfte stark eingesetzt werden muß. Nach dem Treffen wird das Bein angezogen (Abb. 67 e) und soll ohne Gleichgewichtsverlust sofort wieder einsatzfähig sein.

67 c

67 d

67 e

4.2. Pandae-Dolyo-Chagi (Fersen-Drehschlag)

Abb. 68 a bis 68 e

Vor dem Tritt ist wie beim *Dolmyo-Yop-Chagi* das Umschauen ein wichtiges Moment, und zwar aus zwei Gründen: zum einen kann der vordere Fuß dabei bereits in Stellung gebracht

68 a

werden, und zum andern ist der Tritt mittels Augenkontrolle besser auszuführen. Beim Fortgeschrittenen fällt diese Bewegung mit dem nachfolgenden Tritt zusammen (Abb. 68 b).

Der weitere Bewegungsablauf ist wie beim *Ap-Dolyo-Chagi* (Abb. 68 c bis 68 e).

Wichtig ist, daß der Oberkörper nicht abgedreht oder gar zurückgekippt wird, weil das Gleichgewicht dann verlorengeht.

68 b

68 c

68 d

68 e

4.3. *Naeryo-Chagi (Abwärts-Fußschlag)*

4.3.1. *Pakkuro-Naeryo-Chagi (Abwärts-Fußschlag nach außen)*

Abb. 69 a bis 69 d

Wie die Abbildungen zeigen, erfolgt der Tritt ähnlich wie *Ap-Dolyo-Chagi*. Bei *Pakkuro-Naeryo-Chagi* wird lediglich das gestreckte Bein mit den Zehen nach oben statt mit der waagerechten Fußkante hochgezogen. Außerdem muß der Fuß nach Erreichen des Kulminationspunktes (Abb. 69 c) mit der Ferse schräg nach außen heruntergerissen werden, wobei wiederum die Hüfte stark einzusetzen ist (Abb. 69 d).

Pakkuro-Naeryo-Chagi kann auch wie *Pandae-Dolyo-Chagi* als Drehschlag angewandt werden, vor allem bei Aktionen in zu engem Kontakt mit dem Gegner zwecks Befreiung.

69 a

69 b

69 c

69 d

4.3.2. *Anuro-Naeryo-Chagi (Abwärts-Fußschlag nach innen)*

Abb. 70 a bis 70 c

Anuro-Naeryo-Chagi wird von außen nach innen geführt, also umgekehrt wie *Pakkuro-Naeryo-Chagi.*

Bei diesem Tritt ist Vorsicht geboten, weil der Körper während des Schlages nur unzureichend gedeckt werden kann.

70 a

70 b

70 c

4.4. *Übungen zu Fußschlägen*

Die vorangegangenen Beinübungen, vor allem Schwungübungen vorwärts und seitswärts, gelten auch für Fußschläge. Auch das Trainieren am Sandsack ist sehr wichtig.

5. Fußtritte im Sprung

Abb. 71

TAEKWON-DO ist bekannt dafür, daß alle Tritte auch im Sprung ausgeführt werden können. Sprünge setzen aber ständiges Konditionstraining bzw. Schnelligkeit voraus. Tritte aus einem Sprung können nicht nur überraschend eingesetzt werden – sie sind auch stärker als jene aus dem Stand.

71

Tymyo-Dolyo-Chagi, ausgeführt von K. Gil

72 a

72 b

72 c

73

5.1. *Tymyo-Ap-Chagi* *(Vorwärts-Tritt im Sprung)*

Tymyo-Ap-Chagi ist eigentlich ein Doppeltritt.
Der erste Tritt dient zur Täuschung und wird meistens nicht voll ausgeführt.
Abb. 72 a
Im Sprung (Abb. 72 b) wird das Sprungbein angezogen, um kraftvoll und schnell nach vorn treten zu können.
Abb. 72 c
Tymyo-Ap-Chagi kann aber auch direkt, also ohne den ersten Tritt, mit dem vorderen oder hinteren Bein ausgeführt werden.

5.2. *Tymyo-Pituro-Chagi (Ballen-Drehtritt zur Seite im Sprung)*

Abb. 73

Tymyo-Pituro-Chagi kann in der gleichen Weise ausgeführt werden wie *Tymyo-Ap-Chagi.* Der Oberkörper wird aber beim Tritt in Angriffsrichtung gedreht.

5.3. Tymyo-Dolyo-Chagi
(Ballen-Drehtritt im Sprung)

Abb. 74 a und 74 b

Auch *Tymyo-Dolyo-Chagi* kann wie *Tymyo-Ap-Chagi* ausgeführt werden. Dabei soll vor allem die Schnappbewegung des Knies sowie der Hüfteinsatz voll zur Geltung kommen. Der Oberkörper vollführt beim Tritt eine Gegenbewegung.

74 a

74 b

5.4. Tymyo-Yop-Chagi
(Seitwärts-Tritt im Sprung)

Abb. 75 a bis 75 d

Die Ausführung des *Tymyo-Yop-Chagi* aus dem Stand kann entweder mit dem vorderen oder mit dem hinteren Bein erfolgen. Im ersteren Fall kann der Tritt nicht allzu hoch ausgeführt werden, weil man mit dem Sprungbein nach dem Absprung auch treten muß.

Im zweiten Fall springt man ebenfalls mit dem vorderen Bein ab, vollführt aber blitzschnell eine halbe Drehung nach vorn und tritt dann mit dem hinteren Bein (Abb. 75 b und 75 c). Weil man sich auf Absprung und Tritt separat konzentrieren kann, wenn Absprung- und Trittbein verschieden sind, wird dieser *Tymyo-Yop-Chagi* meist zum Kopf angewandt. Das Absprungbein wird während des Tritts für die Gegenbewegung genutzt. Der Oberkörper muß aufrecht sein, die Arme bilden einen Block nach vorn.

Getreten wird mit Fußkante und Ferse. Der Fuß ist zum Schienbein angewinkelt, Zehen hochgestellt.

Eine sichere Landung ist ebenso wichtig wie ein gutgeführter Tritt (Abb. 75 d).

75 a

75 b

75 c

75 d

5.5. *Tymyo-Dolmyo-Yop-Chagi (gedrehter Seitwärts-Tritt im Sprung)*

Tymyo-Dolmyo-Yop-Chagi wird aus einer Rückwärtsdrehung in der Luft ausgeführt, wobei das vordere Bein zugleich Sprung- und Trittbein ist.
Der *Tymyo-Dolmyo-Yop-Chagi* wurde zunächst schulmäßig ausgeführt.

Abb. 76 a bis 76 d

77 a

77 b

77 c

Wie er in der Praxis und mit Hindernis durchgeführt wird, veranschaulicht die Abbildungsfolge.

Abb. 77 a bis 77 c

5.6. *Tymyo-Pandae-Dolyo-Chagi* *(Fersen-Drehschlag im Sprung)*

Abb. 78 a bis 78 e

Tymyo-Pandae-Dolyo-Chagi verlangt wie *Tymyo-Dolmyo-Yop-Chagi* höchste Körperbeherrschung, Sprungkraft und Schnelligkeit.

Da diese Eigenschaften ein langes Training mit viel Ausdauer voraussetzen, können diese Tritte erst von Fortgeschrittenen richtig geübt werden. Jeder Anfänger muß zuerst die einfacheren Techniken gut beherrschen, bevor er sich an die schwierigen wagen darf. Er kann aber Tritte dieser Art ausprobieren, um ihre Schwierigkeit zu erkennen.

In der Ausführung des *Tymyo-Pandae-Dolyo-Chagi* soll die Ferse des vorderen Beins treffen, und zwar nach einer Rückwärtsdrehung des Körpers in der Luft. Der Absprung kann entweder mit dem vorderen Bein oder mit beiden Beinen zugleich erfolgen (Abb. 78 b).

Die erste Phase umfaßt das Hochspringen und Drehen (Abb. 78 c). Mit ihr konform verläuft die zweite Phase, das Hochreißen des Trittbeins (Abb. 78 c und 78 d). Der Tritt erfolgt, wenn das Bein die Zielhöhe erreicht hat (Abb. 78 d und 78 e).

Auch bei diesem Tritt soll der Oberkörper möglichst aufrecht bleiben; wird er abgeknickt oder weggedreht, verliert der Tritt an Präzision und kann nicht mehr mit voller Kraft ausgeführt werden. Außerdem geht dann das Gleichgewicht leicht verloren.

Auf die gleiche Art wird auch *Tymyo-Pakuro-Naeryo-Chagi* (Abwärts-Fußschlag nach außen im Sprung) ausgeführt.

5.7. Übungen zu Sprungtechniken

Hochspringen und beide Knie zur Brust hochziehen;
im Sprung um die eigene Achse drehen;
an hochgehängter Maisbirne oder Sandsack üben.
Als Zielübung dient das Treten gegen einen aufgehängten Tennisball.

78 a

78 b

78 c

78 d

78 e

79 a

79 b

79 c

6. Fußblöcke

Im TAEKWON-DO sind Fußblöcke doppeldeutig: sie sind nicht nur Abwehr-, sondern zugleich Angriffswaffen, wenn kein anderer Tritt wirksam angewandt werden kann.
Fußblöcke erfordern viel Übung, denn um sie wirkungsvoll einsetzen zu können, muß man sich sehr schnell und gewandt bewegen. Deshalb begleiten sie jeden TAEKWON-DO-Sportler, vom Anfänger bis zum Meister.

6.1. Ap-Cha-Olligi (Vorwärts-Beinschwung)

Abb. 79 a bis 79 c

Bei *Ap-Cha-Olligi* wird das gestreckte Bein mit angezogenem Fuß und hochgestellten Zehen hochgerissen. Der blockende Teil ist der Fußballen. Der Oberkörper ist etwas nach vorn geneigt, das Standbein leicht gebeugt.

6.2. *Yop-Cha-Olligi*
(Seitwärts-Beinschwung)

Abb. 80 a bis 80 d

Yop-Cha-Olligi ist ein Seitwärtsblock mit der Fußkante. Das gestreckte Bein wird seitlich hochgerissen; die Zehen sind hochgestellt, der Fuß zum Schienbein hin angewinkelt.

80 a

80 b

80 c

80 d

81 a

6.3. *Pandal-Chagi (Halbkreis-Tritt)*

Abb. 81 a und 81 b

Pandal-Chagi erfolgt nicht direkt wie z. B. *Ap-Cha-Olligi,* sondern in einem Kreisbogen mit der Fußsohle.

81 b

6.4. *Kolchyo-Chagi (Einhak-Tritt)*

Abb. 82 a und 82 b
Kolchyo-Chagi ist das Gegenstück zu *Pandal-Chagi.* Geblockt wird mit der Fußkante oder mit dem Fußrist.

6.5. *Übungshinweis für Fußblöcke*

Fußblöcke sind vor allem am Sandsack zu üben. Im Partnertraining sollen Schnelligkeit und Genauigkeit geübt werden.

82 a

82 b

II. TEIL

Kleidung und Zeremoniell

1. Kleiderordnung

1.1. Dobok (Kampfanzug)

Abb. 83

Dobok ist ein Anzug aus leichtem, weißgebleichten Leinen, der aus Jacke, Hose und *Ty* (Gürtel) besteht.
Die Jacke soll das Gesäß bedecken und ihre Ärmel reichen mindestens über den halben Unterarm, höchstens bis zu den Handgelenken.
Die Hose ist so gearbeitet, daß ein seitlicher Spagat möglich ist. Sie reicht mindestens bis zur halben Wade.
Mit dem *Ty* kann man zweimal die Hüften umlegen. Die verbleibenden Enden werden mit einem Spezialknoten befestigt. Nach dem Verknoten soll jedes Ende zwischen 25 und 30 cm lang sein. Beide Enden müssen gleich lang sein.
Die Jacken der DAN-Träger sind am unteren Rand mit einem $1^1/_2$ bis 2 cm breiten schwarzen Streifen versehen, der an beiden Reversenden bis zum *Ty* hochgenäht ist.
Außer der TAEKWON-DO-Inschrift auf dem Jackenrücken darf nur das Vereinsabzeichen auf der linken vorderen Jackenseite getragen werden. Das linke Jackenrevers wird über das rechte geschlagen. Empfehlenswert ist eine Unterzieh-Hose sowie Tiefschutz, der vor allem bei Partnerübungen wichtig ist.

1.2. Ty-Binden

Der Gürtel wird so gefaßt, daß beide Enden gleich lang sind, und mit seiner Mitte um den Bauch gelegt.
Abb. 84 a

83

Beide Enden werden nach hinten geführt und im Rücken das von rechts kommende unter das von links kommende Ende geschoben.

Abb. 84 b

Das untergeschobene Ende wird nach vorn bis zur Bauchmitte geführt, wo es unter dem Gürtel hervorkommt; das andere Ende wird vorn um den doppelt gelegten Gürtel geschlungen.

Abb. 84 c

Das untere Ende legt man nun um das oben herauskommende und verknotet beide, ohne sie zu verdrehen.

Abb. 84 d

Beide *Ty*-Enden müssen gleich lang sein.

Abb. 84 e

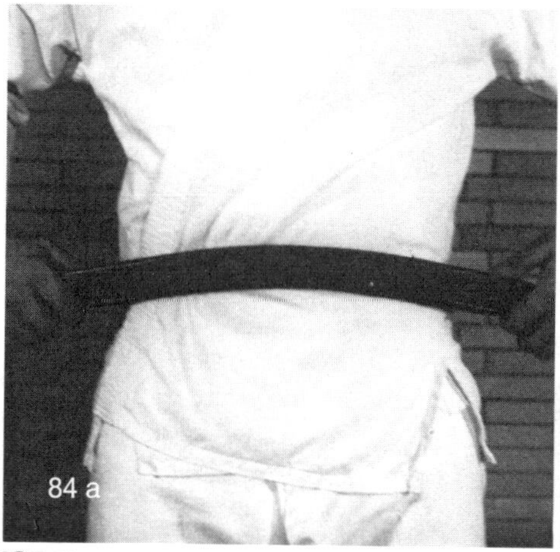

84 a

84 b

84 c

84 d

84 e

1.3. Dobok-verpacken

Um einen Dobok ohne Tasche transportieren zu können, soll er möglichst fachgerecht zusammengelegt werden. Die Abbildungsfolge veranschaulicht die beste Möglichkeit dazu:

85 a bis 85 f

85 a

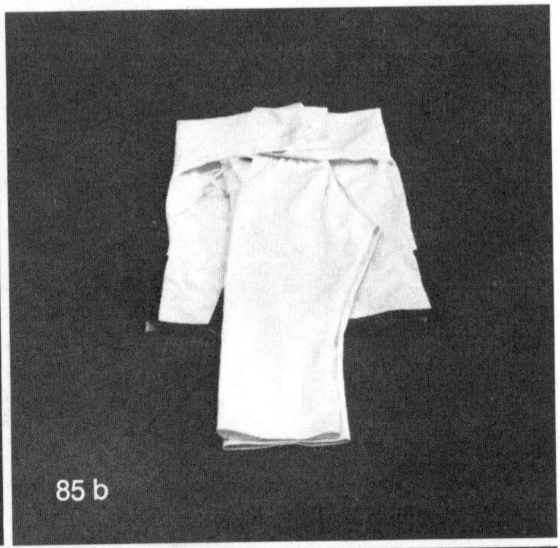
85 b

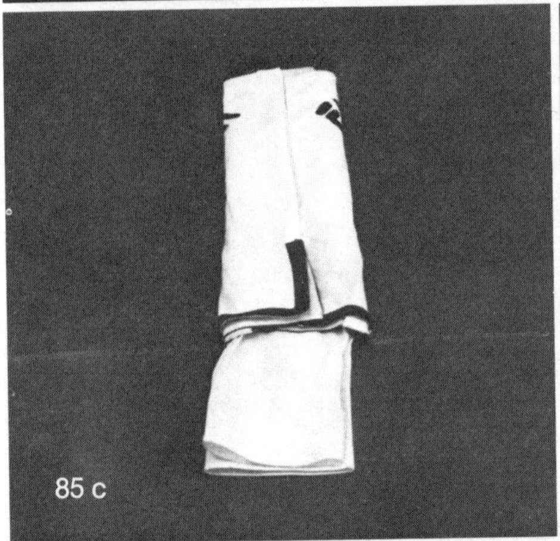
85 c

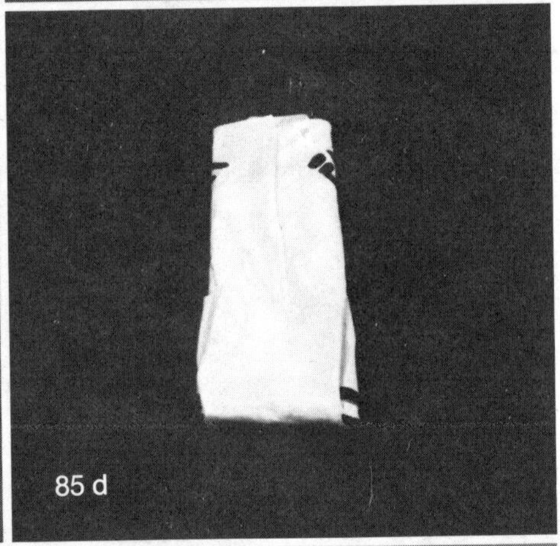
85 d

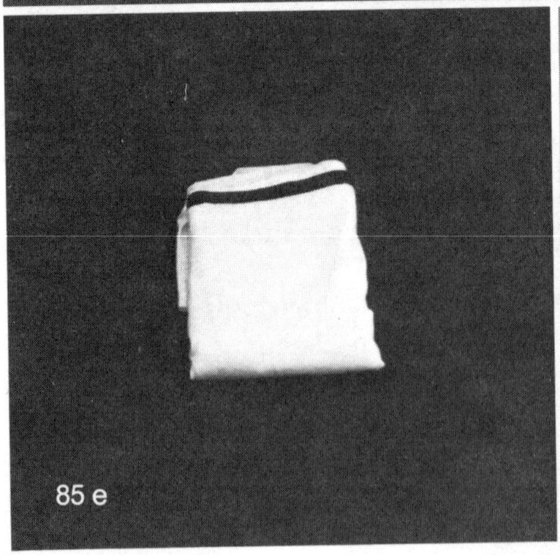
85 e

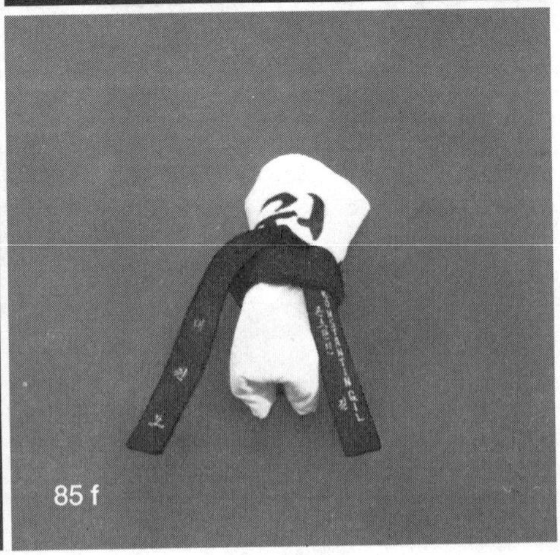
85 f

2. Zeremoniell

Wer den *Dojang* (Übungsraum) betritt, bleibt am Eingang stehen und grüßt durch eine Verbeugung den Lehrer und – falls vorhanden – die Nationalfahne.
Wer zu spät kommt, störe nicht den Unterricht, sondern warte, bis der Lehrer frei ist, und bringe dann seine Entschuldigung vor.
Wer vorzeitig das Training abbrechen muß, wende sich möglichst vor dem Training an den Lehrer; es könnte sein, daß er gerade beschäftigt ist, wenn man gehen muß.
Wer den *Dojang* verläßt, drehe sich vor dem Hinausgehen noch einmal um und verabschiede sich mit einer Verbeugung.
Die Verbeugung vor dem Training soll kundtun, daß nun alles Private abgelegt wird und man sich von jetzt an nur noch auf das Training konzentriert. Man respektiert mit dem Gruß aber auch zugleich Trainer und Mitschüler.

Das Training beginnt mit der Aufstellung der Schüler zum gemeinsamen Grüßen. Je nach Verlangen des Trainers erfolgt sie in Dreier-, Vierer- oder Fünferreihen, die höheren Gürtelgrade immer rechts vorne beginnend. Im übrigen steht es dem Lehrer frei, die Reihenfolge zu bestimmen. Die Aufstellung erfolgt schnell und ohne Reden.

Nachdem die Schüler sich ausgerichtet haben, kommt vom Lehrer das Kommando: *Charyot,* bei dem die Füße zu *Moa-Sogi* zusammengezogen werden. Die Hände, zu Fäusten geballt, liegen locker an den Seiten.

Abb. 86 a

Ist eine Nationalfahne vorhanden, grüßen Schüler und Lehrer (auf dessen Kommando: *Kyongle)* gemeinsam in ihre Richtung.

Abb. 86 b

86 a

86 b

Dann dreht sich der Lehrer mit dem Gesicht zu den Schülern, der Schüler in der vordersten Reihe rechts ruft: *Sabum-Kyongle* (Lehrer grüßen), worauf sich beide Parteien verbeugen. Anschließend folgt die Gymnastik.
Wenn die Gymnastik beendet ist und der Trainer mit dem eigentlichen Training beginnen will, ruft er: *Chunbi* (zum Anfangen vorbereiten).
Bei *Chunbi* wird das linke Bein zu *Narani-Sogi* zur Seite gestellt und beide Fäuste werden vor den Bauch gebracht.

87 a

Abb. 87 a und 87 b

87 b

Der Abstand der Fäuste zum Bauch ist etwa eine Faustbreite, und der Abstand zwischen ihnen etwa eine halbe Faustbreite. Die Ellenbogen sind leicht nach außen gedreht.
Nach Beendigung des Trainings vollzieht sich die Verabschiedung in derselben Reihenfolge wie die Begrüßung, ebenfalls in der Gruppe.

III. TEIL

Kampftraining und Kampf

1. Yak-Sok-Taeryon (Abgesprochener Kampf)

Yak-Sok-Taeryon ist die wichtigste Übung auf dem Weg zum Freikampf. In *Yak-Sok-Taeryon* lernt der Anfänger sich TAEKWON-DO-mäßig mit Partner zu bewegen und die gelernten Techniken richtig anzuwenden. *Yak-Sok-Taeryon* zieht sich vom einfachen Dreischritt-Kampf des Weißgurts bis zum Halbfreien-Kampf des Braungurts.

88 a

1.1. Sambo-Taeryon (Dreischritt-Kampf)

Vor dem abgesprochenen Kampf gibt der Lehrer eine Anweisung, zum Beispiel: *Charyot* zu *Sambo-Taeryon.* Daraufhin stellen sich je zwei Schüler im Abstand von einem Meter gegenüber in *Moa-Chunbi-Sogi.*

Abb. 88 a

Beim Kommando: *Kyongle,* verbeugen sie sich gegeneinander, um ihre Achtung voreinander zu demonstrieren.

Abb. 88 b

Nach einem weiteren Kommando: *Chunbi,* geht der zuvor bestimmte Angreifer mit dem rechten Bein zurück zu *Chongul-Sogi* mit zugleich links ausgeführtem *Hadan-Makki,* und der Angegriffene stellt das linke Bein seitwärts zu *Narani-Chunbi-Sogi.*

Abb. 88 c

Mit dem Kommando *Sijak* beginnt die Übung.
Ein Beispiel für eine typische Sambo-Taeryon-Übung veranschaulicht die Abbildungsfolge 88 d bis 88 g.
Die Angriffe gegen *Hadan, Chungdan* oder *Sangdan* werden vorher angesagt (abgesprochen). Es gibt unzählige Variationen und keine Vorschriften über Art des Angriffs oder der Verteidigung bzw. Gegenangriff. Meistens zeigt der Lehrer vorher, was geübt werden soll.
Wird *Yak-Sok-Taeryon* beendet, ruft der Trainer: *Guman,* was soviel wie Schluß oder Ende bedeutet. Nach diesem Kommando zieht der Angegriffene das hintere Bein vor, und der Angreifer zieht das vordere zurück zu *Narani-Chunbi-Sogi.* Bei *Charyot* wird zuerst das rechte, dann das linke Bein jeweils halb zu *Moa-Chunbi-Sogi* beigezogen. *Kyongle* – verbeugen; die Übung ist beendet.
Nach diesem Schema wird auch bei *Ibo-, Ilbo-* und *Chokki-Taeryon* geübt.

88 b

88 c

88 d

88 e

88 f

88 g

1.2. Ibo-Taeryon (Zweischritt-Kampf)

Bei *Ibo-Taeryon* werden nur zwei Angriffsstufen verabredet, zum Beispiel *Sangdan* und *Hadan* oder *Chungdan* und *Sangdan*. Möglich ist es auch, nur eine Angriffsstufe zu verabreden. In der Abbildungsfolge wird das veranschaulicht:

Abb. 89 a bis 89 c

Da man bei *Ibo-Taeryon* fast nie genau wissen kann, an welcher Stelle der Angriff erfolgt, ist er eine bedeutende Steigerung gegenüber dem *Sambo-Taeryon.*

89 a

89 b

89 c

1.3. Ilbo-Taeryon (Einschritt-Kampf)

Abb. 90 a und 90 b

Ilbo-Taeryon ist eine Erweiterung des *Ibo-Taeryon.* Dabei werden keine Angriffsstufen verabredet, nur die Einschränkung eines einzigen Angriffs ist gegeben.

90 a

90 b

1.4. Chokki-Taeryon (Fuß-Kampf)

Abb. 91 a und 91 b

Angriffe, Blöcke und Gegenangriffe erfolgen bei *Chokki-Taeryon* nur mit den Beinen. Es wird immer nur ein Angriff vorgetragen, der zu einer beliebigen Angriffsstufe führt.

91 a

91 b

1.5. *Ban-Chayu-Taeryon* *(Halbfreier-Kampf)*

Nach dem Kommando *Chunbi* wählen beim *Ban-Chayu-Taeryon* beide Kämpfer eine freie Kampfstellung, indem jeder mit einem Bein zurückgeht.
Je nachdem, an welcher Stelle es dem Verteidiger gelingt, einen Gegenangriff zu führen, kann der Angreifer ein, zwei oder drei Angriffe kampfmäßig führen.

Abb. 92 a bis 92 d

Ban-Chayu-Taeryon ist die letzte Stufe vor dem Freikampf und sollte nur von fortgeschrittenen Schülern geübt werden.

92 a 92 b 92 c 92 d

2. Chayu-Taeryon (Freier Kampf)

Abb. 93a bis 93f

Nicht Sieg oder Niederlage ist beim TAEKWON-DO-Freikampf entscheidend, sondern die Beherrschung von Körper und Geist. Hat ein Kämpfer beides harmonisch verbunden, macht es ihm auch nichts aus, gegen einen besseren zu verlieren.

Chayu-Taeryon beginnt in drei Metern Abstand (Abb. 93a). Er dauert zwei Minuten.

Die Kampfrichter notieren die Trefferpunkte. Wer nach Abzug seiner Minuspunkte die meisten Punkte hat, ist Sieger. Bei Punktgleichheit wird der Kampf um eine Minute verlängert. Ergibt die Verlängerung erneut Punktgleichheit, gewinnt der leichtere Kämpfer. Bei Mannschaftskämpfen gibt es nur im Stichkampf eine Verlängerung.

Jede korrekte, mit ausreichender Kraft durchgeführte Technik zu einem vitalen Punkt des Körpers oder Kopfes wird als Trefferpunkt gewertet. Ausnahmen bilden Fußtechniken zum Kopf, die pro Technik zwei Punkte einbringen, sowie das mehrmalige Ausführen einer Handtechnik hintereinander, was zusammen nur einen Punkt einbringt.

Angriffe mit offener Hand zum Gesicht und Hals sind verboten; ebenfalls Angriffe unter die Gürtellinie und gegen den Rücken.

2.1. Kommandosprache im Chayu-Taeryon

Charyot	– Achtung
Kyongle	– Grüßen
Cunbi	– Fertigmachen, Vorbereiten
Sijak	– Anfangen
Kalyo	– Trennen im Kampf
Gesok	– Weiterkämpfen
Guman	– Kampfende
Hong-Song	– Sieger rot
Bek-Song	– Sieger weiß
Bi-Kim (Mu-Song)	– Unentschieden

93 a

93 b

93 c

93 d

93 e

93 f

IV. TEIL

Prüfungsordnung im DJB (9. Kup bis 1. Dan)

Für TAEKWON-DO-Prüfungen im DJB ist die nachstehende Prüfungsordnung verbindlich:

Zur Graduierung sind technisches Können, sportliche Leistung und theoretisches Wissen nachzuweisen. Darüber hinaus ist das allgemeine persönliche Verhalten des Prüfungsteilnehmers in seinem Verein und in der Öffentlichkeit maßgebend. Berücksichtigt werden Geschlecht, Alter und physische Konstitution.

Die Niederschrift der Prüfungsaufgaben und der einzelnen Übungsfolgen erfolgt koreanisch, die Erklärungen dazu in deutscher Sprache.

Die *Hyong* (Pflichtübung) darf bei vorzeitigem Abbruch einmal wiederholt werden.

Allen Prüfungen ab 5. KUP geht eine Überprüfung des Programms bereits vorliehener Grade voraus.

Der *Kyok-Pa* (Bruchtest) wird mit 3 bis 4 cm starken Fichtenholzbrettern in der Größe von 30 x 30 cm demonstriert, wenn keine andere Anordnung erfolgt. Er kann ebenso wie die *Hyong* einmal wiederholt werden.

Der Chayu-Taeryon (Freier Kampf) dauert zwei Minuten. Als Partner ist ein gleich und ein höher Graduierter zu bestimmen.

KUP-Prüfungen können alle drei Monate abgelegt werden.

Für die 1. DAN-Prüfung muß nach bestandener 1. KUP-Prüfung ein Jahr Trainingszeit nachgewiesen werden.

Bei der Durchführung der Prüfungen sind nur die vom DJB herausgegebenen Prüfungsbogen und Prüfungsbescheinigungen zu verwenden. Der DJB-Paß muß bei der Prüfung vorliegen.

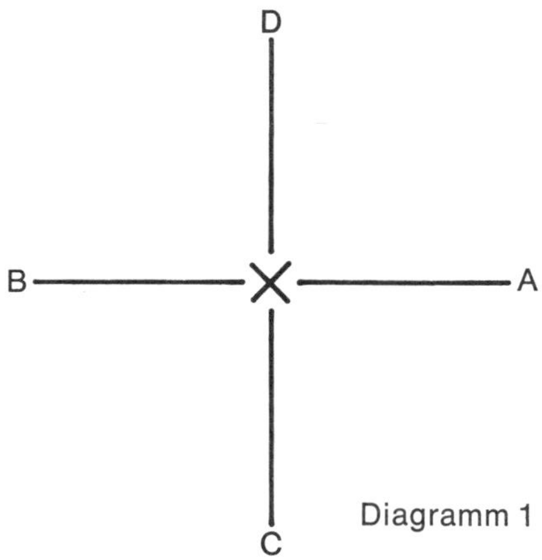

Diagramm 1

9. KUP (weißer Ty mit einem gelben Streifen)

1. Kibon-Dongjak (Grundschule)

1.1. Saju-Chirugi (Vierseiten-Schlag)

Diagramm Nr. 1

1.1.1. Chongul-Hadan-Paro-Makki/ Chongul-Chungdan-Paro-Chirugi

1) Ausgangsstellung ist *Narani-Chunbi-Sogi.*
   Abb. 94 aus R. „D“
2) Das rechte Bein geht zurück in Richtung „C“ zu *l. Chongul-Sogi,* zugleich wird ein Fußtritt gegen den Unterleib mit *l. Hadan-Pakkat-Palmok-Makki* abgewehrt.
   Abb. 95 aus R. „D“
3) Rechts in R. „D“ vorgehen, mit *Chongul-Chungdan-Paro-Chirugi* als Gegenangriff.
   Abb. 96 aus R. „D“

94

95

96

4) *L. Chongul-Hadan-Pakkat-Palmok-Paro-Makki* in R. „B“, wobei das rechte Bein in R. „A“ abgesetzt wird und das linke Bein stehenbleibt.
Abb. 97 a und 97 b aus R. „D“
5) Rechts vor in R. „B“, *Chongul-Chungdan-Paro-Chirugi.*
6) wie 4), nur in R. „C“.
7) wie 3), nur in R. „C“.
8) wie 4), nur in R. „A“.
9) wie 3), nur in R. „A“.
10) Das rechte Bein wird zu Ausgangsstellung in R. „D“ herangezogen.

97 a

97 b

1.1.2. Hugul-Chungdan-Pandae-Makki/Chongul-Chungdan-Paro-Chirugi

Hier wiederholt sich die Rundum-Bewegung auf einem Bein, aber die Blöcke werden in *Chungdan* und in *Hugul-Sogi* ausgeführt. Der Gegenangriff bleibt der gleiche.
Selbstverständlich können auch andere Blöcke und Gegenangriffe geübt und benutzt werden. Vordergründig sind die Stellungen *Chongul-* und *Hugul-Sogi,* die bei der Prüfung beide vorgeführt werden müssen.
Nach Verlangen der Prüfer muß *Saju-Chirugi* rechts- und linksherum ausgeführt werden.

2. Taeryon

2.1. Yak-Sok-Taeryon

2.1.1. Sambo-Taeryon

Es werden mindestens drei Aktionen ohne Partner verlangt.

Der Schüler macht zuerst den Angreifer. Die Angriffe richten sich gegen *Sangdan* oder *Chungdan.* Nach dem letzten Angriff wird das vordere Bein zu *Narani-Chunbi-Sogi* zurückgezogen. Anschließend geht er rückwärts und führt zu den zuvor vorgetragenen Angriffen die passenden Blöcke des Angegriffenen mit einem anschließenden Gegenangriff aus. Nach Beendigung der Übung wird das hintere Bein zu *Narani-Chunbi-Sogi* vorgezogen.

8. KUP (gelber Ty)

1. Hyong (Pflichtübung)

Hyong ist ein fester Bestandteil des TAEKWON-DO. Früher wurde *Hyong* als Kampftraining geübt, weil man das Abstoppen kurz vor dem Körper und die Kampfwesten nicht kannte. Auch heute ist *Hyong* das optimale Training für gut ausgefeilte Techniken in verschiedenen Situationen.
Eine *Hyong* ist während einer Prüfung folgendermaßen auszuführen:

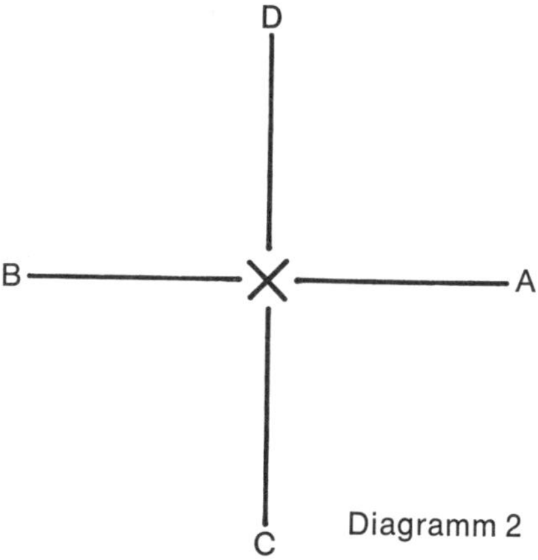

Diagramm 2

Der Schüler stellt sich mit dem Gesicht zum Prüfungsgremium hin und grüßt es durch eine Verbeugung in *Moa-Chunbi-Sogi.* Beim Kommando *Chunbi* nimmt er die Ausgangsstellung ein. Nach dem nächsten Kommando *Sijak* führt der Prüfling die *Hyong* kraftvoll und in flüssiger Form vor. Nach der letzten Technik bleibt er in der erreichten Position stehen, bis das Kommando *Paro* (zurück in Ausgangsstellung) gegeben wird. Dann nimmt er die Ausgangsposition wieder ein und grüßt die Prüfer wieder in *Moa-Chunbi-Sogi.*

1.1. Chon-Ji-Hyong (Himmel und Erde)

Diagramm Nr. 2

1) Abb. 98 aus R. „D". Aus der Ausgangsstellung wird das linke Bein in R. „B" zu *l. Chongul-Sogi* abgestellt. Zugleich erfolgt *Hadan-Pakkat-Palmok-Makki* mit dem lin-

ken Arm, der einen Tiefschlag z. B. abblockt.

Abb. 99 a bis 99 c

2) Rechts vor in R. „B“ mit *r. Chongul-Chungdan-Paro-Chirugi* als Gegenangriff.
3) Wenden mit Schritt auf dem linken Bein im Uhrzeigersinn, rechtes Bein in R. „A“ absetzen mit *r. Chongul-Hadan-Pakkat-Palmok-Paro-Makki.*

Abb. 100 a bis 100 c

4) Links vor in R. „A“ mit *l. Chongul-Chungdan-Paro-Chirugi.*
5) *l. Chongul-Hadan-Pakkat-Palmok-Paro-Makki* in R. „D“, linkes Bein bewegen.
6) wie 2), nur in R. „D“.
7) wie 3), nur in R. „C“.
8) wie 4), nur in R. „C“.
9) Linkes Bein in R. „A“ zu *r. Hugul-Sogi* umsetzen, zugleich wird ein Fauststoß zum *Chungdan* mit *l. Chungdan-An-Palmok-Yop-Makki* abgewehrt.
10) wie 2), nur in R. „A“.
11) Wenden mit Schritt auf dem linken Bein im Uhrzeigersinn, rechtes Bein in R. „B“ absetzen zu *l. Hugul-Sogi,* zugleich *r. Chungdan-An-Palmok-Yop-Makki* ausführen.
12) wie 4), nur in R. „B“.
13) wie 9), nur in R. „C“.
14) wie 2), nur in R. „C“.
15) wie 11), nur in R. „D“.
16) und 17) Je einmal mit *Chongul-Chungdan-Paro-Chirugi* in R. „D“ vorgehen.
18) und 19) Je einmal mit *Chongul-Chungdan-Paro-Chirugi* in R. „C“ rückwärtsgehen (Fauststöße in R. „D“).
20) Linkes Bein zur Ausgangsstellung vorziehen.

99 a

99 b

99 c

100 a

100 b

100 c

2. Taeryon

2.1. Yak-Sok-Taeryon

2.1.1. Sambo-Taeryon

Mindestens vier Aktionen mit Partner.

7. KUP (gelber Ty mit einem grünen Streifen)

1. Hyong

1.1. Tan-Gun-Hyong (Gründer Koreas um 2334 v. Chr.)

Diagramm Nr. 3

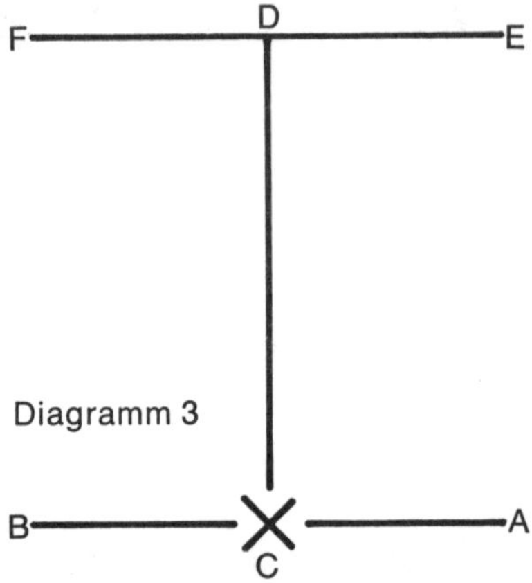

Diagramm 3

1) Abb. 101 aus R. „D". Aus der Ausgangsstellung linkes Bein in R. „B" zu *r. Hugul-Sogi* absetzen, zugleich einen Faustangriff gegen *Chungdan* mit *l. Sudo-Taebi-Makki* abwehren.
2) Rechts vor in R. „B" mit *r. Chongul-Sangdan-Paro-Chirugi* als Gegenangriff.
3) Wenden mit Schritt auf dem linken Bein im Uhrzeigersinn, rechtes Bein in R. „A" zu *l. Hugul-Sogi* absetzen, zugleich *r. Chungdan-Sudo-Taebi-Makki* ausführen.
4) Links vor in R. „A" mit *l. Chongul-Sangdan-Paro-Chirugi.*
5) Linkes Bein in R. „D" zu *l. Chongul-Sogi* umsetzen, zugleich wird ein Fußangriff zu *Hadan* mit *l. Hadan-Pakkat-Palmok-Makki* abgewehrt.
6) bis 8) Je einmal in R. „D" vorgehen mit *Chongul-Sangdan-Paro-Chirugi.*
9) Wenden mit Schritt auf dem rechten Bein gegen den Uhrzeigersinn, linkes Bein in R. „E" zu *r. Hugul-Sogi* absetzen, zugleich *Ssang-Pakkat-Palmok-Makki,* als Abwehr gegen zwei gleichzeitig angreifende Gegner, ausführen.
Abb. 102 a bis 102 c aus R. „C"

101

10) Rechts vor in R. „E" mit *r. Chongul-Sangdan-Paro-Chirugi* als Gegenangriff.
11) Wenden mit Schritt auf dem linken Bein im Uhrzeigersinn, rechtes Bein in R. „F" zu *l. Hugul-Sogi* absetzen, zugleich *Ssang-Pakkat-Palmok-Makki* ausführen (jetzt rechts *Chungdan* und links *Sangdan*).

102 a

102 b

102 c

12) Links vor in R. „F“ mit *l. Chongul-Sangdan-Paro-Chirugi.*

13) Linkes Bein in R. „C“ zu *l. Chongul-Sogi* umsetzen, zugleich einen Fußangriff gegen *Hadan* mit *l. Hadan-Pakkat-Palmok-Makki* abwehren. Sofort danach einen Faustangriff gegen *Sangdan* mit *l. Chukyo-Makki* in derselben Stellung abwehren.

14) bis 16) Je einmal in R. „C“ mit *Chongul-Chukyo-Paro-Makki* vorgehen.

17) Wenden mit Schritt auf dem rechten Bein gegen den Uhrzeigersinn, linkes Bein in R. „B“ zu *r. Hugul-Sogi* absetzen, zugleich *l. Chungdan-Sudo-Yop-Taerigi* ausführen.

18) Rechts vor in R. „B“ mit *r. Chongul-Sangdan-Paro-Chirugi.*

19) Wenden mit Schritt auf dem linken Bein gegen den Uhrzeigersinn, rechtes Bein in R. „A“ zu *l. Hugul-Sogi* absetzen, zugleich *r. Chungdan-Sudo-Yop-Taerigi* ausführen.

20) Links vor in R. „A“ mit *l. Chongul-Sangdan-Paro-Chirugi.*

21) Linkes Bein zurückziehen zur Ausgangsstellung.

2. Taeryon

2.1. Yak-Sok-Taeryon

2.1.1. Sambo-Taeryon

Mindestens sechs verschiedene Aktionen.

6. KUP (grüner Ty)

1. Hyong

1.1. To-San-Hyong (koreanischer Patriot)

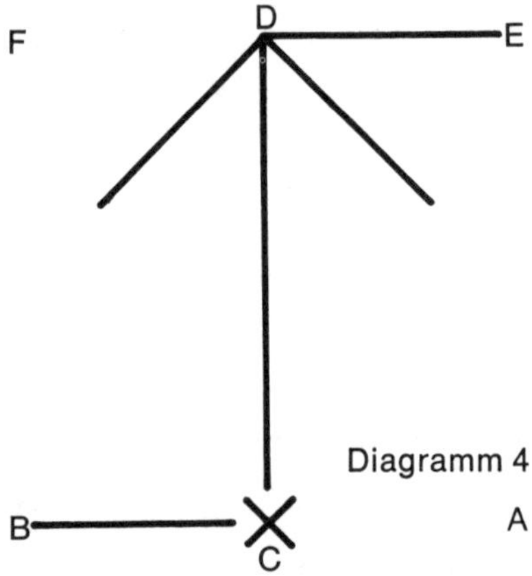

Diagramm 4

103

Diagramm Nr. 4

1) Abb. 103 aus R. „D". Aus der Ausgangsstellung linkes Bein in R. „B" zu *l. Chongul-Sogi* absetzen, zugleich einen Fußangriff gegen *Sangdan* mit *l. Sangdan-Pakkat-Palmok-Yop-Makki* abwehren.
   Abb. 104 aus R. „B"
2) *r. Chongul-Pandae-Chirugi* ohne Stellungswechsel als sofortigen Gegenangriff ausführen.
   Abb. 105
3) Wenden auf der Stelle (s. S. 23) zu *r. Chongul-Sogi* in R. „A", zugleich *r. Sangdan-Pakkat-Palmok-Yop-Makki* ausführen.
4) *l. Chongul-Pandae-Chirugi* ohne Stellungswechsel ausführen.
5) Linkes Bein in R. „D" zu *r. Hugul-Sogi* umsetzen, zugleich einen *Chungdan*-Angriff mit *l. Sudo-Taebi-Makki* abwehren.
6) Rechts vor in R. „D" mit *r. Chongul-Chungdan-Chongkwansu-Paro-Tulki* als Gegenangriff.
   Abb. 106 aus R. „D"
7) Die stoßende Hand wird vom Gegner festgehalten. Um sich zu befreien, wird der linke Fuß auf dieselbe Linie wie der rechte („CD"-Linie) zu *Kima-Sogi* umgestellt, zugleich wird der rechte Arm nach innen gedreht.
   Abb. 107 aus R. „D"
8) Das linke Bein wird gegen den Uhrzeigersinn in R. „D" zu *l. Chon-*

104

105

gul-Sogi abgestellt, zugleich erfolgt ein Gegenangriff mit *l. Chongul-Sangdan-Rikwon-Yop-Paro-Taerigi.*

Abb. 108 a und 108 b aus R. „D“

9) Rechts vor in R. „D“ mit *r. Chongul-Sangdan-Rikwon-Paro-Yop-Taerigi.*

10) Wenden mit Schritt auf dem rechten Bein gegen den Uhrzeigersinn, linkes Bein in R. „E“ zu *l. Chongul-Sogi* absetzen, zugleich *l. Sangdan-Pakkat-Palmok-Yop-Makki* ausführen.

11) wie 2), nur in R. „E“.

12) und 13) wie 3) und 4), nur in R. „F“.

14) Linkes Bein in R. „CE“ zu *l. Chongul-Sogi* umstellen, zugleich einen Würgegriff mit *Hechyo-Makki* abwehren.

15) Als Gegenangriff *r. Chungdan-Ap-Chagi* in R. „CE“ ausführen.

Abb. 109 aus R. „C“

16) Rechtes Bein in R. „CE“ mit *r. Chongul-Chungdan-Paro-Chirugi* absetzen.

106

107

17) *l. Chongul-Chungdan-Pandae-Chirugi* in R. „CE“ ausführen. (16) und 17) in schneller Folge.)

18 Rechtes Bein in R. „CF“ zu *r. Chongul-Sogi* umstellen, zugleich *Hechyo-Makki* ausführen.

19) *l. Chungdan-Ap-Chagi* in R. „CF“.

20) Links vor in R. „CF“ mit *l. Chongul-Chungdan-Paro-Chirugi.*

21) *r. Chongul-Chungdan-Pandae-Chirugi* in R. „CF“ ausführen. (20) und 21) in schneller Folge.)

22) Linkes Bein in R. „C“ zu *l. Chongul-Sogi* umstellen, zugleich einen Faustangriff gegen *Sangdan* mit *l. Chukyo-Makki* abwehren.

23) Rechts vor in R. „C“ mit *r. Chongul-Chukyo-Paro-Makki.*

24) Wenden mit Schritt auf dem rechten Bein gegen den Uhrzeigersinn, linkes Bein in R. „B“ auf der Linie „AB“ zu *Kima-Sogi* absetzen, zugleich *l. Chungdan-Sudo-Yop-Taerigi* ausführen.

25) Linken Fuß zum rechten heranziehen, dann den rechten auf der Linie „AB“ in R. „A“ zu *Kima-Sogi* absetzen, zugleich *r. Chungdan-Sudo-Yop-Taerigi* ausführen.

26) Rechtes Bein zur Ausgangsstellung beiziehen.

108 a

108 b

109

2. Taeryon

2.1. *Yak-Sok-Taeryon*

2.1.1. *Sambo-Taeryon*

Mindestens acht verschiedene Aktionen in flüssiger Form.

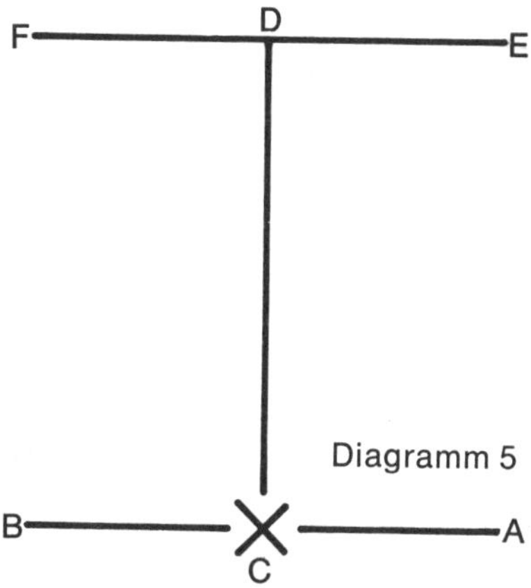

Diagramm 5

110

111

5. KUP (grüner Ty mit einem blauen Streifen)

1. Überprüfung des bisherigen Programms

2. Hyong

2.1. Won-Hyo-Hyong (berühmter Lehrer des Buddhismus)

Diagramm Nr. 5

1) Abb. 110 aus R. „D". Aus der Ausgangsstellung linkes Bein in R. „B" zu *r. Hugul-Sogi* absetzen, zugleich mit *Ssang-Pakkat-Palmok-Makki* (links *Chungdan,* rechts *Sangdan*) einen gleichzeitigen Angriff von zwei Gegnern abwehren.
2) Der linke Arm wird vom Gegner festgehalten. Aus diesem Grund wird er mit der Faust zur rechten Schulter gezogen (sei es denn, um ihn dem Griff zu entwinden oder um den Gegner in Reichweite zu bringen), zugleich erfolgt ein Angriff zum Hals mit *r. Sudo-Anuro-Taerigi.*
   Abb. 111 aus R. „B"
3) Als weiterer Gegenangriff erfolgt *l. Hugul-Pandae-Chirugi* (Abb. 112a und 112b aus R. „B").
4) Linken Fuß zum rechten heranziehen, dann rechtes Bein in R. „A" zu *l. Hugul-Sogi* absetzen, zugleich *Ssang-Pakkat-Palmok-Makki* ausführen (rechts *Chungdan,* links *Sangdan*).
5) und 6) werden ebenso wie 2) und 3) ausgeführt, nur seitenverkehrt.

112 a

112 b

113 a

113 b

113 c

113 d

7) Rechten Fuß zum linken heranziehen, danach *l. Chungdan-Yop-Chagi* in R. „D“ ausführen (die Arme sind dabei abwehrbereit in Angriffsrichtung gerichtet).

8) Linkes Bein in R. „D“ zu *r. Hugul-Sogi* absetzen, zugleich wird ein *Chungdan*-Angriff des Gegners mit *l. Sudo-Taebi-Makki* pariert.

9) und 10) Je einmal mit *Hugul-Sudo-Taebi-Makki* in R. „D“ vorgehen.

11) Rechts vor in R. „D“ mit *r. Chongul-Chungdan-Congkwansu-Tulki* als Gegenangriff.

12) Wenden mit Schritt auf dem rechten Bein gegen den Uhrzeigersinn, linkes Bein in R. „E“ zu *r. Hugul-Sogi* absetzen, zugleich wie in 1) *Ssang-Pakkat-Palmok-Makki* ausführen.

13) bis 17) Der gleiche Bewegungsablauf wie 2) bis 6).

18) Rechten Fuß zum linken heranziehen, dann das linke Bein in R. „C“ zu *l. Chongul-Sogi* absetzen, zugleich mit dem rechten Arm *An-Palmok-Tolimyo-Makki* ausführen.
Abb. 113a bis 113d aus R. „C“
Das ist die Abwehr gegen einen Fußangriff, den man aushebt, um den Gegner aus dem Gleichgewicht zu bringen, oder: nach der Fußabwehr wird der Block weitergeleitet, um einen weiteren Angriff, z. B. mit der Faust, abzuwehren.
Die Schultern stehen nach Ausführung des *An-Palmok-Tolimyo-Makki* in Verlängerung über den Blockarm 45° zur Angriffsrichtung.

19) *r. Chungdan-Ap-Chagi* in R. „C“ als Gegenangriff (der Block bleibt beim Tritt stehen).

20) Rechtes Bein in R. „C“ zu *r. Chongul-Sogi* absetzen, zugleich *l. Chongul-Chungdan-Pandae-Chirugi* als zweiten Gegenangriff ausführen.

21) Mit dem linken Arm *An-Palmok-Tolimyo-Makki* ausführen.

22) *l. Chungdan-Ap-Chagi* in R. „C“ ausführen.

23) Linkes Bein in R. „C“ zu *l. Chongul-Sogi* abstellen, zugleich *r. Chongul-Chungdan-Pandae-Chirugi* ausführen.

24) *r. Chungdan-Yop-Chagi* in R. „C“ ausführen.

25) Rechtes Bein in R. „C“ in Schrittweite absetzen, dann das linke gegen den Uhrzeigersinn bewegen und in R. „B“ zu *r. Hugul-Sogi* abstellen, zugleich *l. Chungdan-Pakkat-Palmok-Taebi-Makki,* gegen einen zum *Chungdan* gedachten Stoß, ausführen. *Pakkat-Palmok-Taebi-Makki* wird ebenso wie *Sudo-Taebi-Makki* ausgeführt, nur mit geschlossenen Fäusten.

26) Linken Fuß zum rechten heranziehen, dann das rechte Bein in R. „A“ zu *l. Hugul-Sogi* abstellen, zugleich *r. Chungdan-Pakkat-Palmot-Taebi-Makki* ausführen.

27) Das rechte Bein zur Ausgangsstellung zurückziehen.

2. Taeryon

3.1. Yak-Sok-Taeryon

3.1.1. Sambo-Taeryon

Mindestens zehn verschiedene Aktionen.

3.1.2. Ilbo-Taeryon

Mindestens vier Aktionen.

4. KUP (blauer Ty)

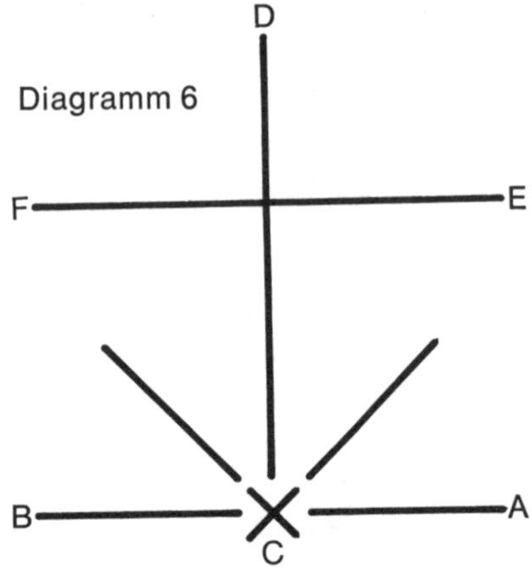

Diagramm 6

1. Überprüfung des vorangegangenen Prüfungsprogramms

2. Hyong

2.1. Yul-Kok-Hyong
(großer koreanischer Philosoph)

Diagramm Nr. 6

1) Abb. 114 aus R. „D". Aus der Ausgangsstellung wird das linke Bein in R. „B" zu *Kima-Sogi* abgesetzt (Gesicht in R. „D"), zugleich langsam und konzentriert *l. Kima-Chirugi* (*Chungdan* in R. „D") ausführen, z. B. um einen Körper wegzuschieben.
2) und 3) Rechts – links *Chungdan-Kima-Chirugi* in R. „D" in schneller Folge ausführen, ohne die Stellung zu wechseln.
4) Linken Fuß zum rechten heranziehen, dann das rechte Bein in R. „A" zu *Kima-Sogi* absetzen, zugleich langsam und konzentriert *r. Chungdan-Kima-Chirugi* ausführen.
5) und 6) Links – rechts *Chungdan-Kima-Chirugi* in schneller Folge.
7) Rechtes Bein in R. „AD" umsetzen zu *r. Chongul-Sogi,* zugleich einen Angriff gegen *Chungdan* mit *r. Chungdan-An-Palmok-Makki* parieren. Abb. 115 aus R. „D".
8) Der erste Gegenangriff wird mit *l. Chungdan-Ap-Chagi* in R. „AD" ausgeführt (der Block bleibt stehen). Abb. 116 aus R. „D".

114

9) Nachdem das linke Bein in R. „AD" zu *l. Chongul-Sogi* abgesetzt ist, erfolgt der zweite Gegenangriff in Form einer Links-Rechts-Fauststoß-Kombination, ebenfalls *Chungdan,* in schneller Folge.
10) Linkes Bein in R. „BD" zu *l. Chongul-Sogi* umsetzen, zugleich *l. Chungdan-An-Palmok-Yop-Makki* ausführen.
11) *r. Chungdan-Ap-Chagi* in R. „BD".

115

116

12) Rechtes Bein in R. „BD" zu *r. Chongul-Sogi* absetzen, zugleich *r. Chongul-Chungdan-Paro-Chirugi* und sofort danach *l. Chongul-Chungdan-Pandae-Chirugi* ausführen.
13) Rechtes Bein in R. „D" zu *r. Chongul-Sogi* umsetzen, zugleich einen zum Revers greifenden Gegner mit *r. Kolchyo-Makki* abwehren.
    Abb. 117 a und 117 b aus R. „D"
    Danach ohne Stellungswechsel *l. Kolchyo-Makki* ausführen. Beide werden langsam und konzentriert vorgenommen.
14) Gegenangriff mit *r. Chongul-Chungdan-Paro-Chirugi,* ohne Stellungswechsel.
15) Links vor in R. „D" mit *l. Chongul-Kolchyo-Paro-Makki,* danach ohne Stellungswechsel *r. Chongul-Kolchyo-Pandae-Makki.*
16) *l. Chongul-Chungdan-Paro-Chirugi,* ohne Stellungswechsel.
17) Rechts vor in R. „D" mit *r. Chongul-Chungdan-Paro-Chirugi.*
18) *l. Chungdan-Yop-Chagi* in R. „D".

117 a

117 b

19) Linkes Bein in R. „D“ zu *l. Chongul-Sogi* absetzen, zugleich *r. Ap-Palkup-Tulki* ausführen.
Abb. 118 a und 118 b aus R. „D“.

20) *r. Chungdan-Yop-Chagi* in R. „C“ gegen einen von hinten angreifenden Gegner ausführen.

21) Rechtes Bein in R. „C“ zu *r. Chongul-Sogi* absetzen, zugleich *l. Ap-Palkup-Tulki* ausführen.

22) Linkes Bein in R. „E“ zu *r. Hugul-Sogi* umstellen, zugleich mit *Ssang-Sudo-Makki* den *Chungdan*-Angriff mit der l. Handkante, und den gleichzeitig erfolgten *Sangdan*-Angriff mit der r. Handkante abblocken.
Ssang-Sudo-Makki wird genauso ausgeführt wie *Ssang-Pakkat-Palmok-Makki,* nur mit Handkanten.

23) Rechts vor in R. „E“ mit *r. Chongul-Chungdan-Chongkwansu-Paro-Tulki* als Gegenangriff.

24) Wenden mit Schritt auf dem linken Bein im Uhrzeigersinn, rechtes Bein in R. „F“ zu *l. Hugul-Sogi* absetzen, zugleich *Ssang-Sudo-Makki* ausführen (rechts *Chungdan,* links *Sangdan*).

25) Links vor in R. „F“ mit *l. Chongul-Chungdan-Chonggwansu-Paro-Tulki.*

26) Linkes Bein in R. „C“ mit *l. Chongul-Sangdan-Pakkat-Palmok-Paro-Yop-Makki* umstellen, um einen Angriff gegen den Kopf abzuwehren.

27) Ohne Stellungswechsel *r. Chongul-Chungdan-Pandae-Chirugi* als Gegenangriff ausführen.

28) Rechts vor in R. „C“ mit *r. Chongul-Sangdan-Pakkat-Palmok-Paro-Yop-Makki.*

118 a

118 b

119

120 a

120 b

120 c

29) Ohne Stellungswechsel *l. Chongul-Chungdan-Pandae-Chirugi.*

30) Sprung in R. „C“ zu *l. Kyocha-Sogi,* um einen zurückweichenden Gegner mit *l. Sangdan-Rikwon-Yop-Taerigi* zur Schläfe anzugreifen.
Ab. 119 aus R. „C“

31) Wenden mit Schritt auf dem linken Bein im Uhrzeigersinn, dabei das rechte Bein in R. „A“ mit *r. Chongul-Sangdan-Tu-Palmok-Paro-Makki* abstellen, um einen Fußangriff zum Kopf zu parieren.

32) Rechtes Bein zum linken heranziehen, dann das linke Bein in R. „B“ mit *l. Chongul-Sangdan-Tu-Palmok-Paro-Makki* abstellen.

33) Linkes Bein zur Ausgangsstellung zurückziehen.

3. Taeryon

3.1. Yak-Sok-Taeryon

3.1.1. Ilbo-Taeryon

Mindestens sieben Aktionen.

3.2. Chayu-Taeryon

Zwei Kämpfe, davon ein Kampf gegen einen höher graduierten Partner.

4. Hosinsul

4.1. Abwehr von Festhaltegriffen

5. Kyok-Pa

Während einer Prüfung wird *Kyok-Pa* wie folgt ausgeführt:

1) Grüßen der Prüfer. Abb. 120 a
2) Zum Bruchtest konzentrieren. Abb. 120 b
3) Bruchtest-Ausführung. Abb. 120 c
4) Verabschieden von den Prüfern durch Verbeugung.

5.1. Ap-Chagi Abb. 120 c

6. Mündliche Prüfung

6.1. Kenntnisse der wichtigsten Techniken in koreanischer Aussprache

3. KUP (blauer Ty mit einem braunen Streifen)

1. Überprüfung des vorangegangenen Prüfungsprogramms

2. Hyong

2.1. Chung-Gun-Hyong (Koreanischer Patriot)

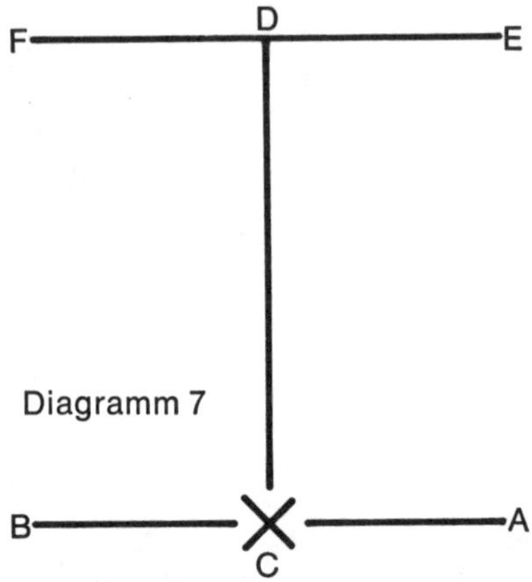

Diagramm 7

Diagramm Nr. 7

1) Abb. 121 aus R. „D". Aus der Ausgangsstellung linkes Bein in R. „B" zu *r. Hugul-Sogi* absetzen, zugleich einen Faustangriff gegen *Chungdan* mit *l. Chungdan-Yok-Sudo-Yop-Makki* abwehren.
Abb. 122 aus R. „B"
2) Gegenangriff mit *l. Chungdan-Ap-Chagi* (der Block bleibt stehen).
3) Linkes Bein in R. „B" auf Schrittlänge absetzen, dann rechts vorgehen in R. „B" mit *r. Changgwon-Ollyo-Makki* in *l. Dytpal-Sogi.* Damit wird ein weiterer Faustangriff gegen *Chungdan* mit Handfläche und Handballen nach oben geschlagen. Der Ellenbogen liegt fest an der Hüfte an.
Abb. 123 R. „B"
4) Wenden mit Schritt auf dem linken Bein im Uhrzeigersinn, rechtes Bein in R. „A" zu *l. Hugul-Sogi* absetzen, zugleich *r. Chungdan-Yok-Sudo-Yop-Makki* ausführen.
5) und 6) wie 2) und 3), nur jeweils seitenverkehrt.
7) Linkes Bein in R. „D" zu *r. Hugul-Sogi* umstellen, zugleich *l. Sudo-Taebi-Makki* als Block gegen einen *Chungdan*-Fußangriff ausführen.

121

122

123

124

125

8) Stellungswechsel zu *l. Chongul-Sogi* in R. „D“ (linkes Bein umstellen), zugleich *r. Yt-Palkup-Tulki* als Gegenangriff ausführen.
9) und 10) wie 7) und 8), nur jeweils seitenverkehrt.
11) Links vor in R. „D“ mit *l. Chongul-Sangdan-Ssang-Kwon-Sewo-Chirugi.*
12) Rechts vor in R. „D“ mit *r. Chongul-Ssang-Kwon-Tyjibo-Chirugi.*
13) Wenden auf der Stelle mit *l. Chongul-Sangdan-Palmok-Kyocha-Makki,* um einen Stockangriff abzuwehren.
14) Linkes Bein in R. „E“ mit *l. Hugul-Sangdan-Rikwon-Pandae-Yop-Taerigi* absetzen.
    Abb. 124 aus R. „E“
15) Zur Befreiung des vom Gegner ergriffenen Schlagarmes erfolgt Stellungswechsel zu *l. Chongul-Sogi* in R. „E“ (linkes Bein umstellen), zugleich wird der ergriffene Arm nach rechts heruntergezogen und mit dem Faustrücken nach unten gedreht.
    Abb. 125 aus R. „E“
16) Sofortiger Gegenangriff ohne Stellungswechsel mit *r. Chongul-Sangdan-Pandae-Chirugi.*
17) Linkes Bein zum rechten heranziehen, dann rechtes Bein in R. „F“ mit *r. Hugul-Sangdan-Rikwon-Pandae-Yop-Taerigi* absetzen.
18) und 19) wie 15) und 16), nur jeweils seitenverkehrt.
20) Rechtes Bein zum linken heranziehen, dann links vor in R. „C“ mit *l. Chongul-Sangdan-Tu-Palmok-Paro-Makki,* um einen starken Angriff gegen den Kopf abzuwehren.

21) Stellungswechsel zu *r. Hugul-Sogi* in R. „C“ (linkes Bein umstellen), zugleich Gegenangriff mit *l. Hugul-Pandae-Chirugi* in R. „C“.

22) Mit *r. Chungdan-Yop-Chagi* in R. „C“ angreifen.

23) Rechtes Bein in R. „C“ mit *r. Chongul-Sangdan-Tu-Palmok-Paro-Makki* absetzen.

24) wie 21), nur seitenverkehrt.

25) *l. Chungdan-Yop-Chagi* in R. „C“.

26) Linkes Bein in R. „C“ zu *r. Hugul-Sogi* absetzen, zugleich wird ein Fußangriff gegen *Chungdan* mit *l. Chungdan-Pakkat-Palmok-Taebi-Makki* pariert.

27) Stellungswechsel zu *l. Chongul-Sogi* in R. „C“ (linkes Bein umstellen). Gleichzeitiges Abwehren von zwei zugleich geführten Angriffen *(Hadan* und *Chungdan)* mit *Ssang-Changgwon-Nullo-Makki.*
Abb. 126a und 126b aus R. „C“

28) Rechts vor in R. „C“ mit *r. Hugul-Chungdan-Pakkat-Palmok-Taebi-Makki.*

29) wie 27), nur seitenverkehrt.

30) Linkes Bein zum rechten ziehen zu *Moa-Sogi* in R. „A“, zugleich Angriff mit *r. Dolyo-Chirugi.*
Abb. 127 aus R. „A“

31) Rechts vor in R. „A“ zu *l. Hugul-Sogi,* zugleich Stockabwehr mit *Mongdungi-Makki.*
Abb. 128 aus R. „A“
Die Abwehrstellen befinden sich zwischen Daumen und Zeigefinger.

32) Rechtes Bein zum linken heranziehen, dann linkes Bein in R. „B“ zu *r. Hugul-Sogi* abstellen, zugleich *Mongdungi-Makki* ausführen.

33) Linkes Bein zur Ausgangsstellung zurückziehen.

126 a

126 b

127

128

129

3. Taeryon

3.1. Yak-Sok-Taeryon

3.1.1. Ilbo-Taeryon
Mindestens zehn Aktionen.

3.2. Chayu-Taeryon

Zwei Kämpfe, davon ein Kampf gegen einen höher graduierten Partner.

4. Hosinsul

4.1. Befreien aus Umklammerungen

5. Kyok-Pa

5.1. Yop-Chagi

Abb. 129

6. Mündliche Prüfung

6.1. Sihap (Wettkampf-Regeln)

2. KUP (brauner Ty)

1. Überprüfung des vorangegangenen Prüfungsprogramms

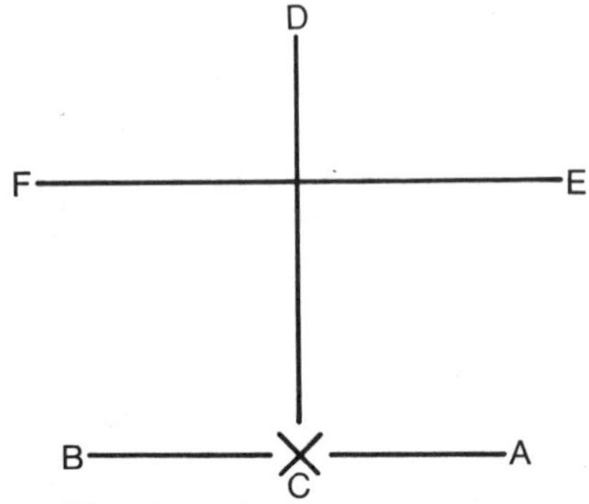

Diagramm 8

2. Hyong
Diagramm Nr. 8

2.1. Te-Gye-Hyong (Berühmter koreanischer Gelehrter aus dem 16. Jh.)

130

131

1) Abb. 130 aus R. „D". Aus der Ausgangsstellung linkes Bein in R. „B" mit *l. Hugul-Chungdan-An-Palmok-Pandae-Yop-Makki* abstellen, um einen Faustangriff abzublocken.
2) Stellungswechsel zu *l. Chongul-Sogi* in R. „B" (linkes Bein umstellen), zugleich erfolgt der Gegenangriff mit *r. Hadan-Pyonggwansu-Tulki,* der linke Arm geht dabei mit der Handkante zur rechten Schulter. Abb. 131 aus R. „B"
   Mit dieser Bewegung schützt der Unterarm z. B. den Solar-Plexus; außerdem kann nach einem mißglückten Fingerspitzen-Stoß die Handkante sofort eingesetzt werden.
3) Linkes Bein zum rechten heranziehen, zu *Moa-Sogi* in R. „D", zugleich einen Doppelangriff mit links *Hadan-Pakkat-Palmok-Makki*

132

133

134

und rechts *Chungdan-Pakkat-Palmok-Yop-Makki* abwehren.
Abb. 132 aus R. „D“

4) bis 6) wie 1) bis 3), nur seitenverkehrt.
7) Links vor in R. „D“ mit *l. Chongul-Kyocha-Nullo-Makki,* um einen Fußangriff gegen *Hadan* abzuwehren.
8) Sofortiger Gegenangriff in derselben Stellung mit *Sangdan-Ssang-Kwon-Sewo-Chirugi* in R. „D“.
(7) und 8) in schneller Folge.)
9) *r. Chungdan-Ap-Chagi* in R. „D“ (die Arme bleiben in der Stellung von 8)).
10) Rechtes Bein in R. „D“ mit *r. Chongul-Chungdan-Paro-Chirugi* absetzen.
11) Ohne Stellungswechsel *l. Chongul-Chungdan-Pandae-Chirugi* ausführen.
(10) und 11) in schneller Folge.)
12) Linkes Bein zum rechten heranziehen zu *Moa-Sogi* in R. „F“. Dabei beide Fäuste in die Hüften stemmen.
Abb. 133 aus R. „F“
13) Rechts mit *Chungdan-Pandal-Chagi* einen Fußangriff aus R. „F“ abwehren.
Abb. 134 aus R. „C“
14) Rechtes Bein in R. „F“ stampfend zu *Kima-Sogi* absetzen (der Stampftritt gilt entweder dem Fuß oder der Kniekehle des Gegners), zugleich Abwehr mit *San-Makki,* gegen von zwei Seiten gleichzeitig erfolgenden *Sangdan*-Angriffen.
Abb. 135 aus R. „C“
15) *l. Chungdan-Pandal-Chagi* in R. „F“.

16) Linkes Bein stampfend in R. „F" zu *Kima-Sogi* absetzen, zugleich *San-Makki* ausführen.

17) und 18) wie 15) und 16), nur in R. „E".

19) bis 22) wie 13) bis 16), nur in R. „E".

23) und 24) wie 15) und 16), in R. „F".

25) Rechtes Bein zum linken heranziehen und dann links vor in R. „D" mit *l. Hugul-Hadan-An-Palmok-Pandae-Yop-Makki,* womit ein Fußangriff gegen den Unterbauch pariert wird.
Abb. 136 aus R. „D"

26) Stellungswechsel zu *l. Chongul-Sogi* in R. „D" (linkes Bein umstellen), zugleich greifen beide Hände zum Kopf des Gegners.
Abb. 137 a aus R. „D"

27) *r. Murup-Ap-Chagi* in R. „D", wobei die Hände den Kopf des Gegners zum Knie herunterziehen.
Abb. 137 b aus R. „D"

135

136

137 a

137 b

138

139 a

139 b

28) Rechtes Bein am linken absetzen, dann links vor in R. „C“ mit *Chungdan-Sudo-Taebi-Makki* in *r. Hugul-Sogi,* als Abwehr eines Fauststoßes.
29) Sofortiger Gegenangriff mit *l. Chungdan-Ap-Chagi* in R. „C“.
30) Linkes Bein in R. „C“, mit *l. Chongul-Sangdan-Pyongkwansu-Paro-Tulki,* als zweiten Gegenangriff absetzen.
31) Rechts vor in R. „C“ mit *r. Chungdan-Sudo-Taebi-Makki* in *l. Hugul-Sogi.*
32) *r. Chungdan-Ap-Chagi* in R. „C“.
33) wie 30), nur rechts.
34) Rechtes Bein zurückziehen in R. „D“ zu *r. Hugul-Sogi,* zugleich wird ein Fußtritt mit *l. Hadan-Pakkat-Palmok-Makki* abgewehrt und ein hinten stehender Gegner mit einem gleichzeitig ausgeführten *r. Rikwon-Dyt-Taerigi* in R. „D“ angegriffen.
Abb. 138 aus R. „E“
35) Ein Stockangriff gegen die Beine wird übersprungen, der Sprung erfolgt in die Höhe mit angezogenen Beinen und nicht in die Weite.
Abb. 139 a aus R. „E“
36) Landen mit *r. Kyocha-Sogi* in R. „E“, zugleich einen Fußangriff mit *Kyocha-Nullo-Makki* abwehren.
Abb. 139 b aus R. „E“
37) Rechtes Bein in R. „C“ mit *r. Chongul-Sangdan-Tu-Palmok-Makki* absetzen, um einen Angriff gegen den Kopf abzuwehren.
38) Wenden mit Schritt auf dem rechten Bein gegen den Uhrzeigersinn, linkes Bein in R. „B“ zu *r. Hugul-Sogi* absetzen, zugleich einen Tiefschlag mit *r. Hadan-Sudo-Makki* abwehren.

39) Stellungswechsel zu *l. Chongul-Sogi* (linkes Bein umstellen), zugleich wird ein Fußangriff mit *r. An-Palmok-Tolimyo-Makki* abgefangen.

40) Linken Fuß zum rechten heranziehen, dann rechtes Bein in R. „A" mit *l. Hugul-Sogi* absetzen, zugleich *r. Hadan-Sudo-Makki* ausführen.

41) wie 39), nur seitenverkehrt.

42) Ohne daß die Füße ihre Positionen verändern zu *l. Chongul-Sogi* eindrehen und zugleich *r. An-Palmok-Tolimyo-Makki* ausführen.

43) Wieder zu *r. Chongul-Sogi* eindrehen und *l. An-Palmok-Tolimyo-Makki* ausführen.

44) Rechtes Bein auf die Linie „AB" zu *Kima-Sogi* abstellen, zugleich *Kima-Chungdan-Chirugi* rechts in R. „D".

45) Rechtes Bein zur Ausgangsstellung heranziehen.

3. Taeryon

3.1. Yak-Sok-Taeryon

3.1.1. Ilbo-Taeryon

Mindestens zehn Variationen.

3.1.2. Ban-Chayu-Taeryon

Mindestens fünf Kombinationen in flüssiger Ausführung.

3.2. Chayu-Taeryon

Zwei Kämpfe, davon einer gegen einen höher graduierten Partner.

140

4. Hosinsul

4.1. Abwehr von Würgeangriffen

5. Kyok-Pa

5.1. Dolyo-Chagi

Abb. 140

5.2. Sudo-Taerigi

Abb. 141

141

6. Mündliche Prüfung

6.1. Koreanische Kommandosprache

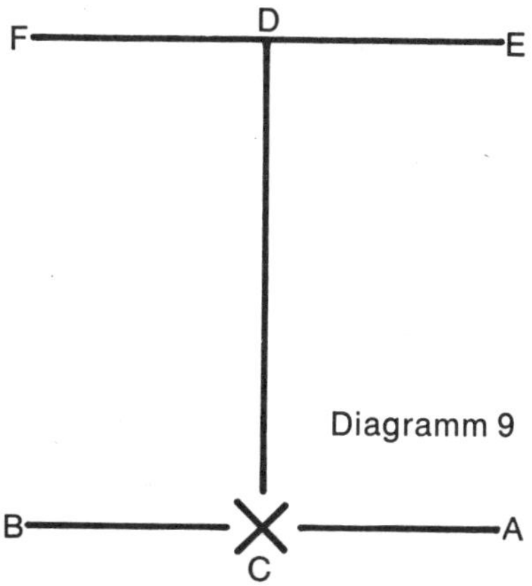

Diagramm 9

1. KUP (brauner Ty mit einem schwarzen Streifen)

1. Überprüfung des vorangegangenen Prüfungsprogramms
2. Hyong

2.1. Hwa-Rang-Hyong (Koreanische Jugendorganisation vor 1600 Jahren)

Diagramm Nr. 9

1) Abb. 142 aus R. „D". Aus der Ausgangsstellung linkes Bein auf der Linie „AB" in R. „B" absetzen und *Kima-Sogi* formen, zugleich mit *l. Changgwon-Miro-Makki* einen Angriff zur Brust abwehren.
   Abb. 143 aus R. „D"

1a) Als Gegenangriff r. Chungdan-Kima-Chirugi, dann l. Chungdan-Kima-Chirugi (in schneller Folge)

2) Wechsel zu *l. Hugul-Sogi* in R. „A" (rechtes Bein bewegen), zugleich *Ssang-Palmok-Makki* ausführen, wobei rechts ein *Chungdan-Angriff* und links ein *Sangdan-Angriff* abgewehrt wird.

142

143

144

3) *l. Rikwon-Ap-Taerigi* in R. „A“, zugleich wird der vom Gegner ergriffene rechte Arm mit der Faust zur linken Schulter gezogen, um den Gegner in Schlagnähe zu bringen. Abb. 144 aus R. „D“
4) *r. Hugul-Pandae-Chirugi* in R. „A“ als zweiten Gegenangriff ausführen.
5) Der vom Gegner wiederum ergriffene rechte Arm wird nun mit einer großen Kreisbewegung befreit. Zugleich wird das rechte Bein zum linken zurückgezogen. Am Ende der Bewegung erfolgt *r. Sudo-Naeryo-Taerigi* zum Schlüsselbein des Gegners.
Abb. 145 a bis c aus R. „D“
6) Links vor in R. „A“ mit *l. Chongul-Chungdan-Paro-Chirugi* als nächsten Gegenangriff.
7) Linkes Bein in R. „D“ mit *l. Chongul-Hadan-Pakkat-Palmok-Paro-Makki* umstellen, um einen Fußangriff abzuwehren.
8) Rechts vor in R. „D“ mit *r. Chongul-Chungdan-Paro-Chirugi.*
9) Linkes Bein um einen halben Schritt zum rechten nachziehen, dann die vom Gegner mit beiden Händen festgehaltene rechte Faust mit der linken Hand umfassen und aus dem Griff befreien, zugleich den Gegner mit *r. Chungdan-Yop-Chagi* attackieren.
Abb. 146 a und 146 b aus R. „B“
10) Rechtes Bein in R. „D“ zu *l. Hugul-Sogi* absetzen, zugleich erfolgt der zweite Gegenangriff mit *r. Hugul-Chungdan-Sudo-Pandae-Yop-Taerigi.*
11) und 12) Je einmal mit *Chongul-Chungdan-Paro-Chirugi* in R. „D“ vorgehen.

145 a

145 b

145 c

146 a

146 b

147

13) Wenden mit Schritt auf dem rechten Bein gegen den Uhrzeigersinn, linkes Bein in R. „E“ zu *r. Hugul-Sogi* absetzen, zugleich mit *l. Chungdan-Sudo-Taebi-Makki* einen Faustangriff abwehren.
14) Rechts vor in R. „E“ mit *r. Chongul-Chungdan-Chonggwansu-Paro-Tulki* als Gegenangriff.
15) Um einem Angriff von hinten (aus R. „F“) auszuweichen, wird das rechte Bein auf die Linie „EF“ zu *r. Hugul-Sogi* umgesetzt, zugleich wird dieser Angriff mit *l. Chungdan-Sudo-Taebi-Makki* abgewehrt.
16) und 17) Erst rechts, dann links mit *Sangdan-Dolyo-Chagi* in R. „F“ angreifen, nach dem ersten Tritt wird das Bein einen Schritt in R. „F“ abgesetzt.
18) Linkes Bein in R. „F“ zu *r. Hugul-Sogi* absetzen, zugleich *l. Chungdan-Sudo-Taebi-Makki* ausführen.
19) Linkes Bein in R. „C“ mit *l. Chongul-Hadan-Pakkat-Palmok-Paro-Makki* umsetzen, um einen Tiefschlag abzuwehren.
20) Stellungswechsel zu *r. Hugul-Sogi,* indem das linke Bein auf die Linie „CD“ gestellt wird. Zugleich erfolgt *r. Hugul-Paro-Chirugi* als Gegenangriff.
21) und 22) Je einmal mit *Hugul-Paro-Chirugi* in R. „C“ vorgehen.
23) Stellungswechsel zu *l. Chongul-Sogi* in R. „C“ (linkes Bein umstellen) zugleich wird ein Fußangriff zu *Hadan* mit *Kyocha-Nullo-Makki* abgewehrt.
24) Rechts vor in R. „C“ zu *r. Hugul-Sogi,* zugleich Gegenangriff mit *r. Dyt-Palkup-Tulki.*

Abb. 147 aus R. „B“

Beim Schritt mit beiden Füßen etwas in R. „C“ gleiten.

25) Wenden mit Schritt auf dem rechten Bein gegen den Uhrzeigersinn, linkes Bein neben das rechte zu *Moa-Sogi* in R. „B“ stellen, zugleich zwei gleichzeitig gegen *Chungdan* und *Hadan* vorgebrachte Angriffe mit *r. An-Palmok-Yop-Makki* und *l. Hadan-Pakkat-Palmok-Makki* abwehren.
Abb. 148 aus R. „B“

26) Stellung wie in 25), aber Blöcke seitenverkehrt durchführen.

27) Links vor in R. „B“ zu *r. Hugul-Sogi,* zugleich *l. Chungdan-Sudo-Taebi-Makki.*

28) Linkes Bein zum rechten heranziehen, dann rechtes Bein in R. „A“ zu *l. Hugul-Sogi* absetzen, zugleich *r. Chungdan-Sudo-Taebi-Makki.*

29) Rechtes Bein zur Ausgangsstellung heranziehen.

3. Taeryon

3.1. Yak-Sok-Taeryon

3.1.1. Ilbo-Taeryon

Mehr als zehn verschiedene Aktionen in sehr guter Ausführung.

3.1.2. Ban-Chayu-Taeryon

Mindestens acht verschiedene Kombinationen.

3.2. Chayu-Taeryon

Zwei Kämpfe, davon einer gegen einen höher graduierten Partner.

4. Hosinsul

4.1. Abwehren von Messer- und Stockangriffen

5. Kyok-Pa

5.1. Pandae-Dolyo-Chagi Abb. 149

5.2. Sudo-Taerigi oder Chon-Kwon- Abb. 141 und 150

6. Mündliche Prüfung

Antwort auf die Frage: „Was ist TAEKWON-DO?“.

148

149

150

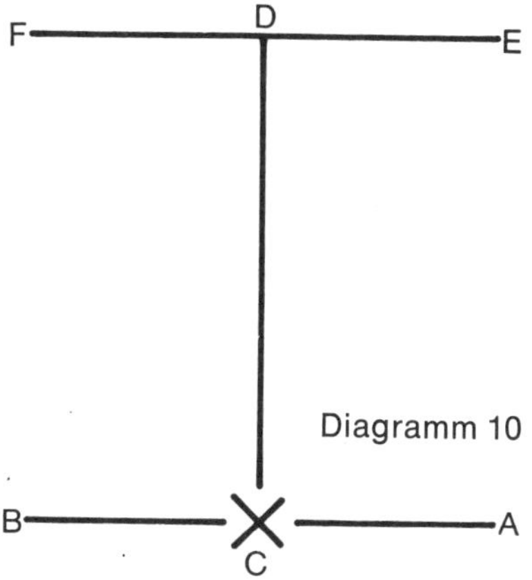

Diagramm 10

1. DAN (schwarzer Ty)

1. Überprüfung des vorangegangenen Schülerprogramms

2. Erste Hilfe: Verhalten bei Sportverletzungen

3. Hyong

3.1. Chung-Mu-Hyong (berühmter koreanischer Admiral)

Diagramm Nr. 10

1) Abb. 151 aus R. „D“. Aus der Ausgangsstellung linkes Bein in R. „B“ zu *r. Hugul-Sogi* absetzen. Zugleich zwei gleichzeitig vorgetragene Angriffe mit *Ssang-Sudo-Makki* abwehren.
Abb. 152 aus R. „D“
2) Rechts vor in R. „B“ mit *l. Chongul-Sudo-Chukyo-Pandae-Makki* (Abwehr eines Faustschlags) und gleichzeitigem Gegenangriff durch *r. Chongul-Sangdan-Sudo-Anuro-Paro-Taerigi* zum Hals.
Abb. 153 aus R. „B“

151

152

153

3) Wenden mit Schritt auf dem linken Bein im Uhrzeigersinn, rechtes Bein in R. „A“ mit *r. Hugul-Chungdan-Sudo-Taebi-Pandae-Makki* (Abwehr eines Fußangriffs) absetzen.
Abb. 154 aus R. „D“

4) Links vor in R. „A“ mit *l. Chongul-Sangdan-Pyongkwansu-Paro-Tulki* als Gegenangriff.
Abb. 155 aus R. „D“

5) Linkes Bein in R. „D“ mit *l. Hugul-Chungdan-Sudo-Taebi-Pandae-Makki* (Abwehr eines Messerangriffs) umstellen.
Abb. 156 aus R. „D“

6) Ein von hinten kommender Angreifer wird mit *r. Chungdan-Yop-Chagi* gekontert.
Abb. 157 aus R. „D“

7) Rechtes Bein wieder in R. „C“ absetzen, mit *l. Hugul-Chungdan-Sudo-Taebi-Pandae-Makki* (Abwehr eines weiteren Messerangriffs).
Abb. 158 aus R. „D“

154

155

156

157

8) Der zurückweichende Gegner wird sofort mit *r. Chungdan-Tymyo-Yop-Chagi* angegriffen. Hierbei mit dem rechten Bein einen Schritt nach vorn gehen; auch rechts abspringen und treten.
Abb. 159 a bis 159 c aus R. „D"

9) Landen mit *r. Hugul-Chungdan-Sudo-Taebi-Pandae-Makki* (mit diesem Block wird das Messer endgültig aus der Hand des Angreifers geschlagen).
Abb. 160 aus R. „D"

158

159 a

159 b

159 c

160

10) Wenden mit Schritt auf dem rechten Bein gegen den Uhrzeigersinn, um einen Fußtritt aus R. „E“ mit *l. Hugul-Hadan-Pakkat-Palmok-Pandae-Makki* abzuwehren.
Abb. 161 aus R. „D“

11) Stellungswechsel zu *l. Chongul-Sogi* in R. „E“ (linkes Bein umstellen), zugleich mit beiden Händen den Kopf des Gegners erfassen.
Abb. 162 a aus R. „D“

12) *r. Murup-Ap-Chagi* gegen den Kopf des Gegners, wobei er mit beiden Händen heruntergezogen wird.
Abb. 162 b aus R. „D“

13) Rechtes Bein am linken absetzen, dann Wendung gegen den Uhrzeigersinn und links vor in R. „F“ zu *l. Chongul-Sogi.* Zugleich wird *r. Chongul-Sangdan-Yok-Sudo-Pandae-Taerigi* ausgeführt, um einem Angriff zuvorzukommen.
Abb. 163 aus R. „F“
Die unter dem rechten Arm liegende Hand wehrt einen Faustst0ß nach unten ab.

161

162 a

163

162 b

14) *r. Sangdan-Dolyo-Chagi* in R. „F" als zweiten Gegenangriff.
Abb. 164 aus R. „F"
15) Rechtes Bein am linken absetzen und den Angriff mit *l. Chungdan-Dolmyo-Dyt-Chagi* (gegen den Uhrzeigersinn) fortsetzen.
Abb. 165 aus R. „D"
16) Linkes Bein in R. „F" absetzen, mit *r. Hugul-Chungdan-Pakkat-Palmok-Pandae-Makki* als Abwehr gegen einen Fußtritt.
Abb. 166 aus R. „D"
17) Gegenangriff in R. „E", mit *l. Chungdan-Dolyo-Chagi.*
Abb. 167 aus R. „D"
18) Linkes Bein am rechten absetzen, dann rechts vor in R. „C" zu *l.*

164

165

166

167

Hugul-Sogi, um mit *Mongdungi-Makki* einen Stockangriff abzuwehren.
Abb. 168 aus R. „F“

19) Einem weiteren Stockangriff, diesmal gegen die Beine, wird durch einen Sprung mit einer gleichzeitigen 360°-Drehung gegen den Uhrzeigersinn ausgewichen.
Abb. 169 aus R. „F“

20) Landen in *l. Hugul-Sogi* in R. „C“. Der nachfolgende Stockschlag von der Seite wird mit *r. Chungdan-Sudo-Taebi-Makki* abgewehrt.
Abb. 170 aus R. „F“

21) Links vor in R. „C“ mit *r. Chongul-Hadan-Pyongkwansu-Pandae-Tulki* als Gegenangriff. Dabei wird die linke Handkante gegen die rechte Schulter gepreßt, um mit dem Arm die Brust zu schützen oder einen Faustangriff abzuwehren.
Abb. 171 aus R. „F“

168

169

170

171

172

173

22) Stellungswechsel zu *r. Hugul-Sogi* (linkes Bein auf die „CD"-Linie stellen). Zugleich einen Fußangriff mit *l. Hadan-Pakkat-Palmok-Makki* abwehren, und einen sich von hinten nähernden Gegner gleichzeitig mit *r. Sangdan-Rikwon-Dyt-Taerigi* attackieren.
Abb. 172 aus R. „F"

23) Rechts vor in R. „C" mit *r. Chongul-Chungdan-Chongkwansu-Paro-Tulki*.
Abb. 173 aus R. „F"

24) Wenden mit Schritt auf dem rechten Bein gegen den Uhrzeigersinn, mit *l. Chongul-Sangdan-Tupalmok-Paro-Makki* (Abwehr eines gesprungenen Trittes).
Abb. 174 aus R. „B"

25) Rechts vor in R. „B", auf die Linie „AB" zu *Kima-Sogi* absetzen. Zugleich einen Tritt mit *r. Chungdan-Pakkat-Palmok-Ap-Makki* abwehren.
Abb. 175 aus R. „C"

174

175

26) Sofort danach Angriff eines sich von rechts nähernden Gegners mit *r. Sangdan-Rikwon-Yop-Taerigi.* Abb. 176 aus R. „C“

27) und 28) Erst rechts, dann links *Chungdan-Yop-Chagi* in R. „A“. Nach dem ersten Tritt das Bein auf Schrittlänge in R. „A“ absetzen. Abb. 177 und 178 aus R. „C“

29) Linkes Bein in R. „A“ zu *l. Hugul-Sogi* absetzen. Zugleich einen Tritt mit *Chungdan-Sudo-Kyocha-Makki* in R. „B“ abwehren. Abb. 179 aus R. „B“

176

177

178

179

180

181

182

183

30) Links vor in R. „B" mit *l. Chongul-Ssang-Changgwon-Olyo-Makki* (Abwehr eines doppelten Faustangriffs).
Abb. 180 aus R. „B"

31) Wenden auf der Stelle mit *r. Chongul-Chukyo-Paro-Makki* in R. „A" (Abwehr eines Faustschlags).
Abb. 181 aus R. „A"

32) Sofortiger Gegenangriff mit *l. Chongul-Chungdan-Pandae-Chirugi*.
Abb. 182 aus R. „A"

33) Rechtes Bein zur Ausgangsstellung zurückziehen.

4. Taeryon

4.1. Yak-Sok-Taeryon

4.1.1. Ban-Chayu-Taeryon

Mehr als acht Kombinationen in sehr guter Ausführung.

4.2. Chayu-Taeryon

Zwei Kämpfe, davon einer gegen einen Danträger.

5. Hosinsul

5.1. Freie Abwehr von bewaffneten und unbewaffneten Angriffen

6. Kyok-Pa

6.1. Pandae-Dolyo-Chagi Abb. 149
6.2. Tymyo-Yop-Chagi Abb. 183
6.3. Nach Verlangen der Prüfer

7. Mündliche Prüfung

7.1. Kenntnisse der Wettkampfordnung (WOT)
7.2. Kenntnisse der Sportordnung (VOT)

Die Trainingszeit vom bestandenem 1. KUP bis zur Prüfung zum 1. DAN beträgt ein Jahr.
Nach einer nicht bestandenen DAN-Prüfung folgt bis zur Prüfungswiederholung ein halbes Jahr Vorbereitungszeit.

Angriffsstufen

Abb. 184

Sangdan:	Kopf und Hals
Chungdan:	Körper bis zur Gürtellinie
Hadan:	Körper unterhalb der Gürtellinie

Angriffs- und Abblockteile des Körpers

1. Chon-Kwon (Front-Faust)

1.1. Faust schließen

Abb. 185 a bis 185 d

Finger fest einrollen. Daumen gegen den Zeigefinger drücken.

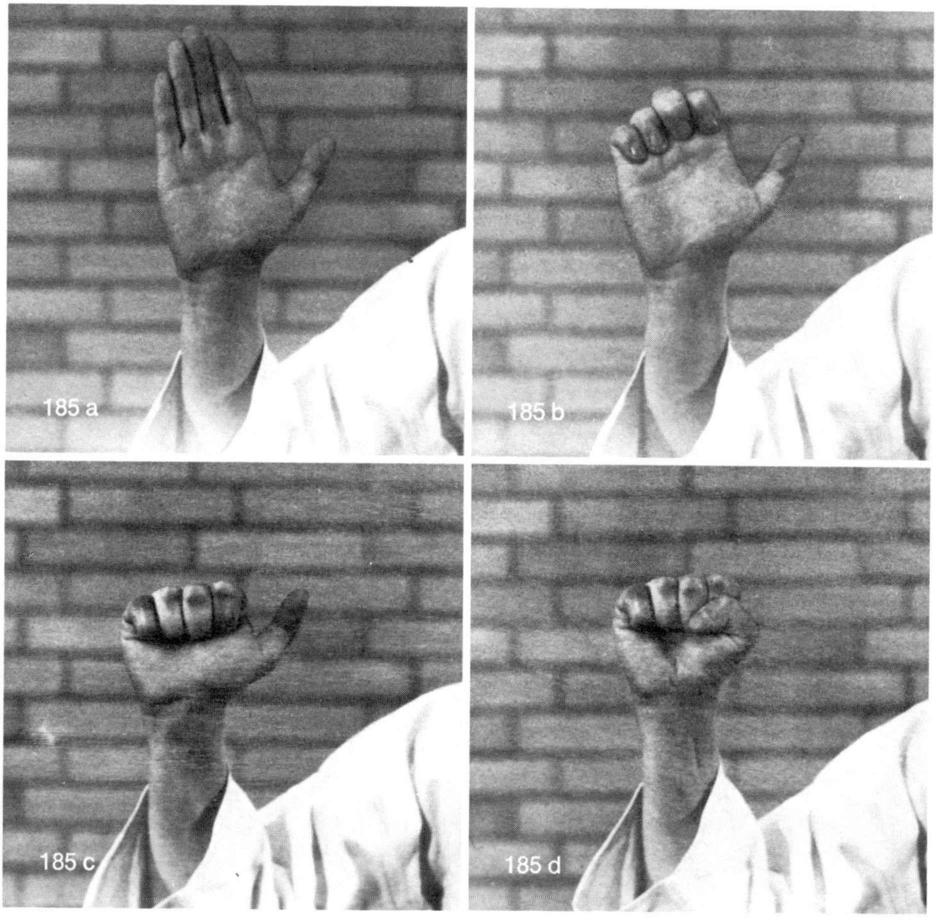

185 a 185 b 185 c 185 d

1.2. Fausthaltung

Abb. 186 a bis 186 d

Handgelenk nicht knicken.

Die Knöchel des Zeige- und Mittelfingers bilden die Verlängerung der Speiche. Sie sind zugleich die einzigen Angriffsteile, denn nur mittels der kleinen Auftreffsfläche kann die große Wirkung des TAEKWON-DO-Fauststoßes erreicht werden.

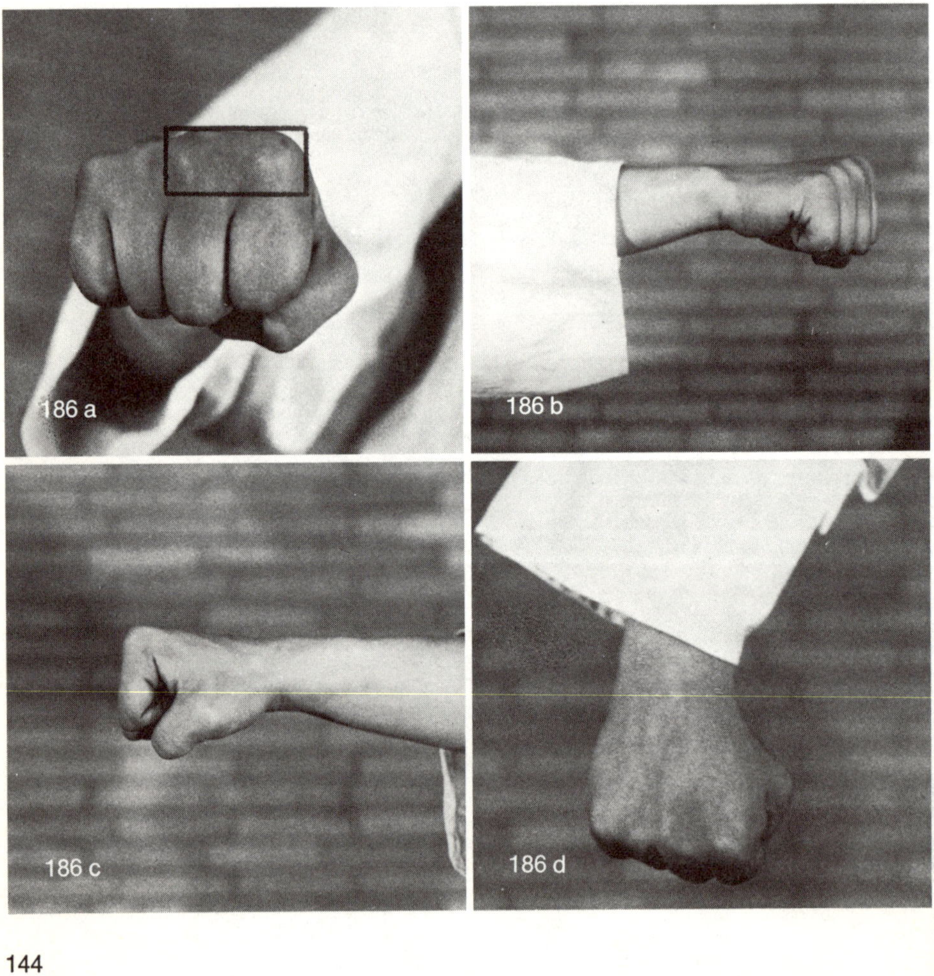

186 a 186 b 186 c 186 d

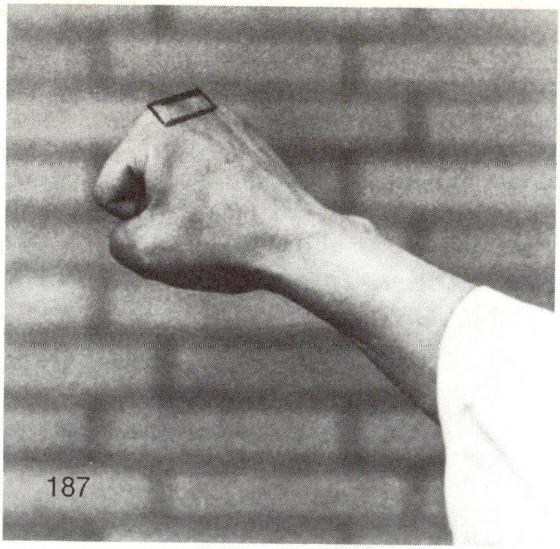

187

2. Rikwon (Faustrücken)

Abb. 187

Zu schließen ist die Faust ebenso wie bei *Chon-Kwon.*

Geschlagen wird mit den Zeige- und Mittelfingerknöcheln des Faustrückens.

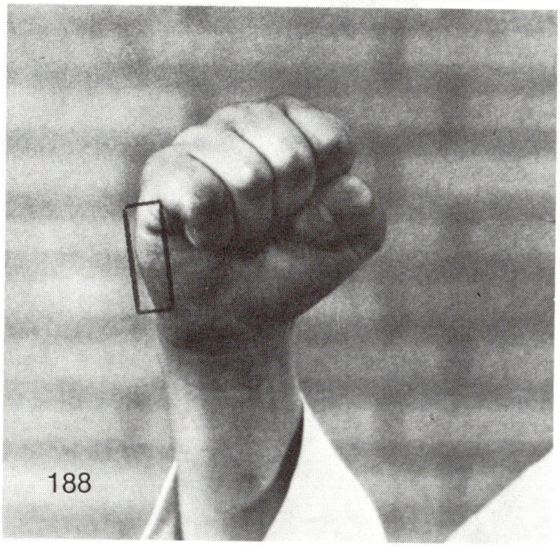

188

3. Yukwon (Kleinfingerfaust)

Abb. 188

Bei *Yukwon* bilden Seite der Kleinfingerfaust und Elle eine Linie.

Geschlagen wird mit dem Ballen der Kleinfingerfaust.

4. Changgwon (Handballen)

Abb. 189

Changgwon wird ebenso als Blockteil wie als Schlagteil benutzt.

5. Sudo (Handkante)

Abb. 190

Handkante und Elle verlaufen in einer Linie. Der Daumen ist stark angewinkelt.

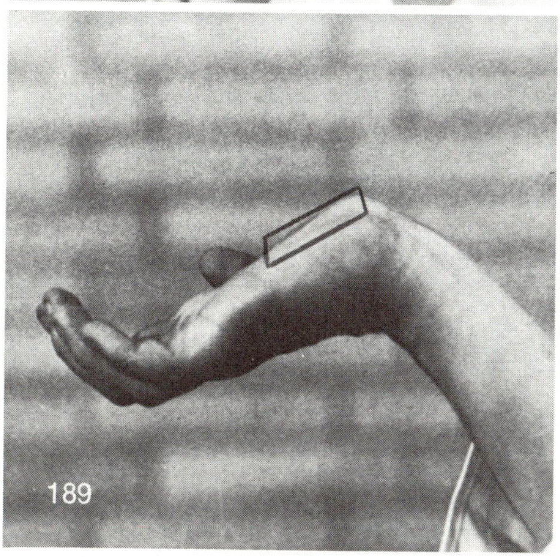

189

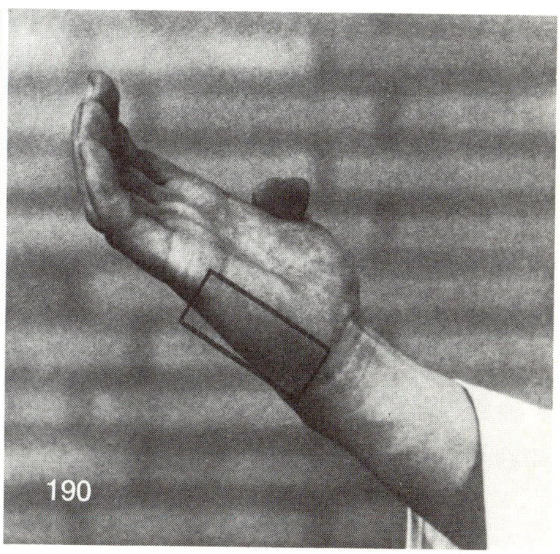

190

6. Yok-Sudo
(Umgekehrte [Innen-]Handkante
Abb. 191
Der Daumen ist nach innen gebogen. Geschlagen wird mit dem seitlichen Zeigefingerknöchel.

7. Chonggwansu
(Fingerspitzen hochkant)
Abb. 192
Beim Stoß bilden Zeige-, Mittel- und Ringfinger an der Spitze eine Fläche.

8. Pyonggwansu
(Fingerspitzen flach)
Abb. 193
Der Stoß wird entsprechend der Abbildung ausgeführt.

9. Pakkat-Palmok
(Außen-Unterarm)
Abb. 194
Der Blockteil umfaßt die Seite der Elle, vom Handgelenk bis zum Ellbogen.

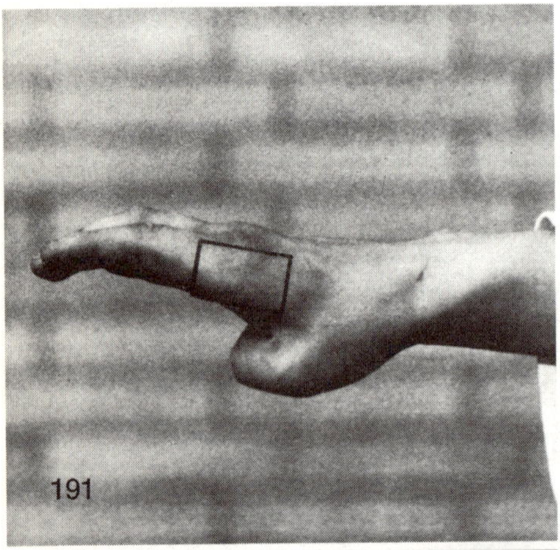
191

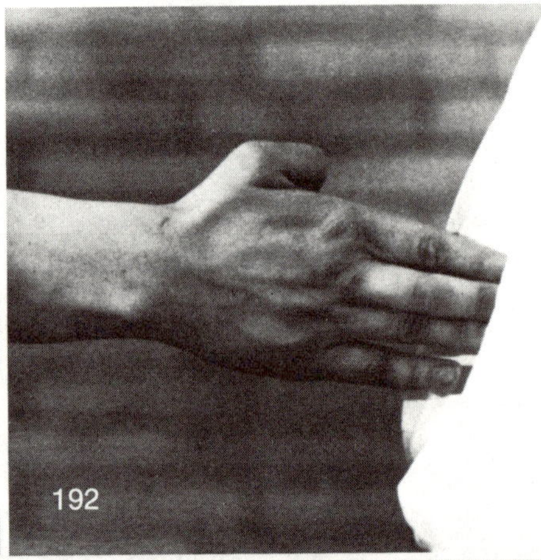
192

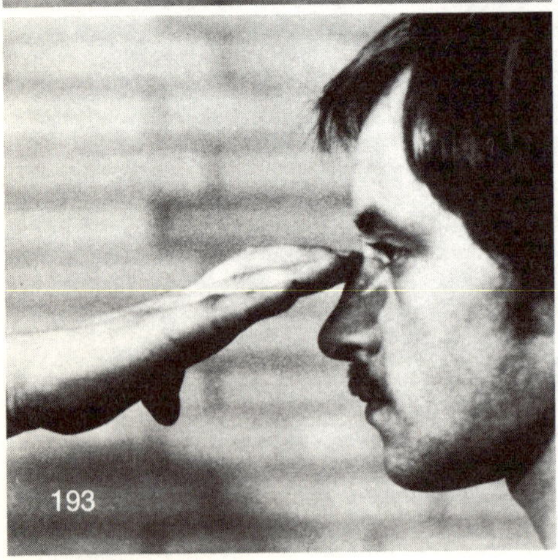
193

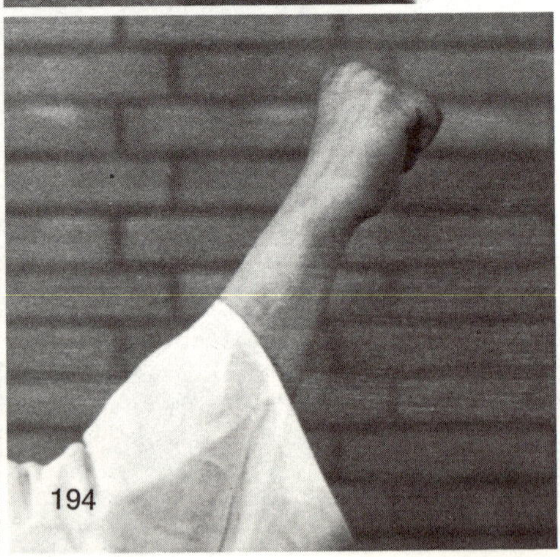
194

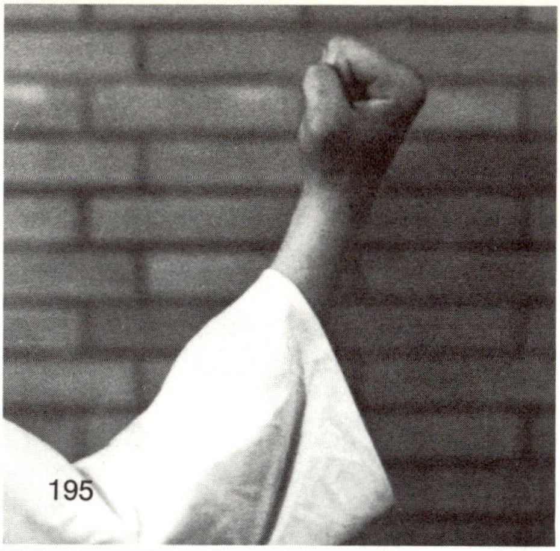

195

10. An-Palmok (Innen-Unterarm)

Abb. 195

Die Seite der Speiche vom Handgelenk bis zur Armbeuge ist der Blockteil.

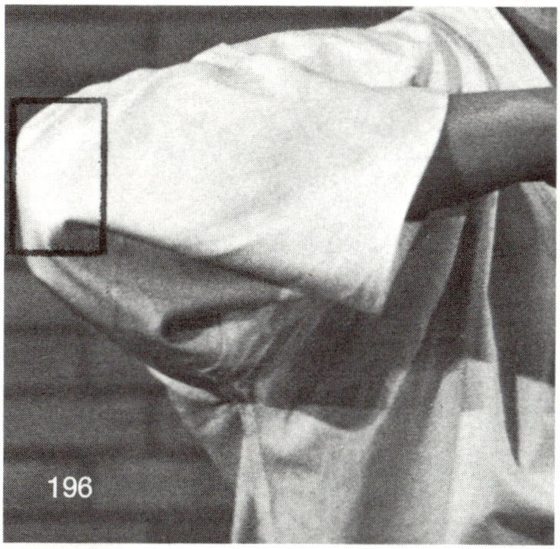

196

11. Palkup (Ellbogen)

Abb. 196

Der Unterarm hält sich waagerecht.

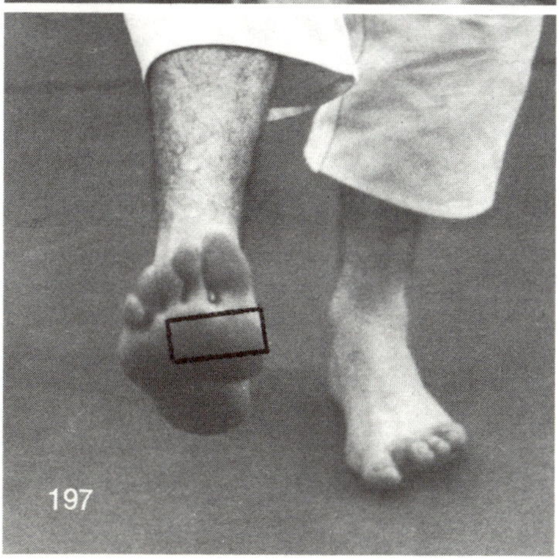

197

12. Appalkumchi (Fußballen)

Abb. 197

Zehen stark nach oben anwinkeln. Getroffen wird mit dem Fußballen unterhalb der Zehen.

13. Dytpalkumchi (Untere Ferse)
Abb. 198 a
Fuß anwinkeln. Getroffen wird mit der unteren Fläche der Ferse.

14. Paltychuk (Hintere Ferse)
Abb. 198 b
Die Technik wird vor allem bei Fußschlägen angewandt.

15. Chokto (Fußkante)
Abb. 199
Fuß stark zum Schienbein anziehen, Zehen scharf anwinkeln. Geschlagen wird mit der Fußaußenkante.

16. Murup (Knie)
Abb. 200
Das Knie wird in Hüfthöhe angezogen.

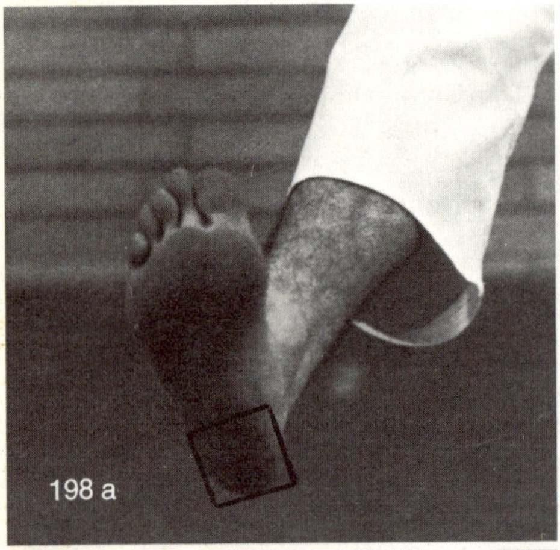
198 a

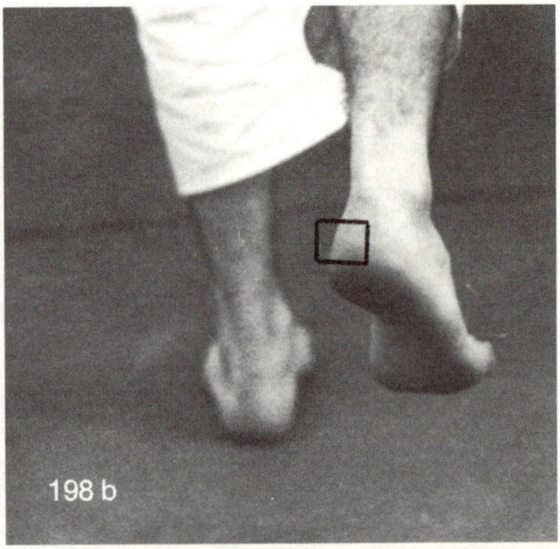
198 b

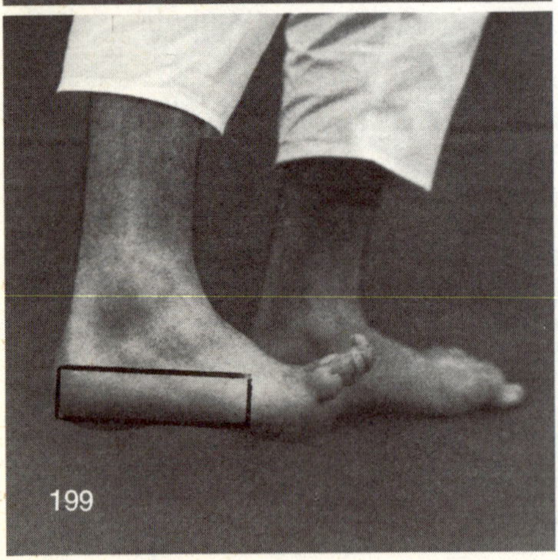
199

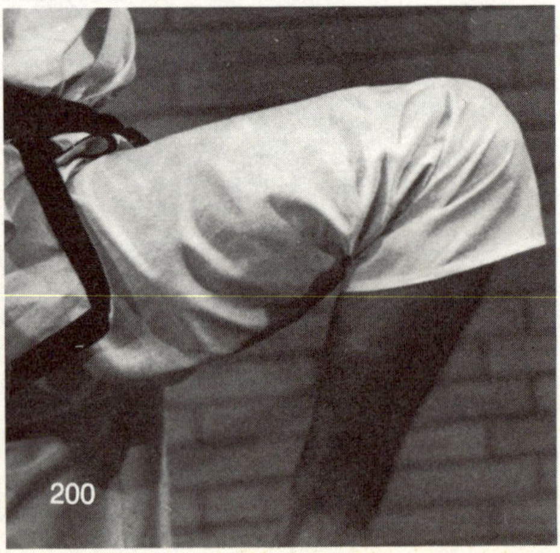
200

Übersetzung der koreanischen Begriffe

An – innen
Anuro – von außen nach innen (innenwärts bewegen)
Ap – vorn, vorwärts
Bek-Song – Sieger weiß
Ban – Halbfrei
Bi-Kim (Mu-Song) – unentschieden
Chagi – Fußtritt
Cha-Olligi – Fußschwung
Chirugi – Stoß (Fauststoß)
Chukyo – heben
Charyot – Achtung
Chokki – Füße
Chunbi – fertigmachen, vorbereiten
Chungdan – mittlere Angriffsstufe
Danryon-Dae – Schlagpfosten
Dobok – Kampfanzug (Übungskleidung)
Dolimyo – zirkelförmig (zirkular)
Dolmyo – gedreht
Dojang – Übungsraum
Dolyo – drehen
Dyt – rückwärts
Gesok – weiter (weiterkämpfen)
Guman – Ende der Übung (des Kampfes)
Hadan – untere Angriffsstufe
Hechyo – verkeilen
Hong-Song – Sieger rot
Hosinsul – Selbstverteidigung
Kalyo – trennen (im Kampf)
Ibo – 2-Schritt
Kihap – Schrei
Ilbo – 1-Schritt
Kolchyo – einhaken
Kyocha – über Kreuz
Kyok-Pa – Bruchtest
Kyongle – grüßen
Miro – schieben
Mongdungi – U-Form (Stockabwehr)
Naeryo – abwärts
Nullo – drücken
Olyo – aufwärts
Pakkat – außen

Pakkuro	–	von innen nach außen (auswärts bewegen)
Pandae	–	seitenverkehrt
Pandal	–	halbmondförmig, Halbkreis
Paro	–	gleichseitig (Kommando: zurück zur Ausgangsstellung)
Sabum	–	Lehrer
Sambo	–	3-Schritt
San	–	W-Form (Abwehr gegen zwei Angriffe)
Sangdan	–	obere Angriffsstufe
Sewo	–	vertikal
Sihap	–	Kampfregeln
Sijak	–	anfangen
Ssang	–	Zwillings . . . (doppelt)
Taeryon	–	Freikampf (Kampf)
Taebi	–	parieren (Schutz)
Taerigi	–	Schlag
Tu	–	Zwei (doppelt)
Tulki	–	durchstoßen
Ty	–	Gürtel
Tyjibo	–	umgedreht
Tymyo	–	fliegen (im Sprung)
Yok	–	umgekehrt
Yop	–	seitwärts
Yt	–	ober . . . (aufwärts)

Übersetzung der Techniken in den verschiedenen Stellungen

r. Chongul-Sogi	– Vorwärts-Stellung rechts (rechts vorn)
r. Chongul-Sangdan-Pyonggwansu-Paro-Tulki	– gleichseitiger Fingerspitzen-Stoß mit der rechten Hand zur oberen Angriffsstufe in Vorwärtsstellung (rechtes Bein vorn)
r. Chongul-Chungdan-Pandae-Chirugi	– seitenverkehrter Fauststoß mit der rechten Faust zur mittleren Angriffsstufe in Vorwärtsstellung (linkes Bein vorn)
r. Hugul-Sogi	– Rückwärts-Stellung rechts (rechts hinten)
r. Hugul-Sangdan-Sudo-Paro-Annuro-Taerigi	– gleichseitiger Handkantenschlag von außen nach innen mit der rechten Hand zur oberen Angriffsstufe in Rückwärtsstellung (rechtes Bein hinten)
r. Hugul-Hadan-An-Palmok-Pandae-Yop-Makki	– seitenverkehrter Innenunterarm Seitwärtsblock mit dem rechten Arm in der unteren Angriffsstufe in Rückwärtsstellung (linkes Bein hinten)
Kima-Chungdan-Chirugi	– Fauststoß nach vorn zur mittleren Angriffsstufe in Seitwärtsstellung
r. Dytpal-Sogi	– Hinterbein-Stellung rechts (rechts hinten)
r. Dytpal-Hadan-Pakkat-Palmok-Paro-Makki	– gleichseitiger Außenunterarm-Block mit dem rechten Arm in der unteren Angriffsstufe in Hinterbeinstellung (rechtes Bein hinten)
r. Dytpal-Chungdan-Sudo-Taebi-Pandae-Makki	– seitenverkehrter Handkanten-Parade-Block mit der rechten Hand in der mittleren Angriffsstufe in Hinterbeinstellung (linkes Bein hinten)
r. Kyocha-Sogi	– Überkreuz-Stellung rechts (rechts Standbein)
r. Kyocha-Sangdan-Rikwon-Paro-Ap-Taerigi	– gleichseitiger Faustrückenschlag nach vorn zur oberen Angriffsstufe mit der rechten Faust in Überkreuzstellung (rechts Standbein)
r. Kyocha-Changgwon-Pandae-Olyo-Makki	– seitenverkehrter Handballen-Aufwärtsblock mit der rechten Hand in Überkreuzstellung (links Standbein)

Abkürzungen

r. – rechts
l. – links
R. – Richtung

Phonetik

ae – wie „ä" in Märchen
ch – wie „tsch" in Deu*tsch*land
j – wie „dj" in Germany
s – wie „ß" in bi*ß*chen
ss – wie „ss" in fassen
w – wie „u" in oneway
y – wie „üi" oder „ü" in Knülch

Das praxisnahe
Buchprogramm
mit 1000 Tips
für jedermann!

Falken Bücher

Verlagsverzeichnis in Kurzfassung

(Die Zahl vor dem Titel entspricht der Bestellnummer)

BRIEFSTELLER, GLÜCKWÜNSCHE UND REDEN

Nr.	Titel		DM
0060	**Der neue Briefsteller.** Von I. Wolter-Rosendorf, 112 Seiten	kart.	5,80
0231	**Musterbriefe für alle Gelegenheiten.** Herausgegeben von Olaf Fuhrmann unter Mitarbeit von H. Kirst und D. Kellermann, 248 Seiten	kart.	9,80
0114	**Privatbriefe – Behördenkorrespondenz.** Von I. Wolter-Rosendorf, 80 Seiten	kart.	4,80
0041	**Geschäftliche Briefe des Privatmannes, Handwerkers u. Kaufmannes.** Von A. Römer, 96 Seiten	kart.	5,80
0138	**Erfolgreiche Bewerbungsbriefe und Bewerbungsformen.** Von W. Manekeller, 88 S.	kart.	4,80
0173	**Die erfolgreiche Bewerbung.** Von W. Manekeller, 152 Seiten	kart.	8,80
0156	**Neue Glückwunschfibel.** Von R. Christian-Hildebrandt, 96 Seiten	kart.	4,80
0264	**Glückwünsche, Toasts und Festreden zur Hochzeit.** Von I. Wolter, 86 Seiten	kart.	4,80
0155	**Von der Verlobungsfeier bis zur goldenen Hochzeit.** Von B. Ulrici, 80 Seiten	kart.	4,80
0318	**Kindergedichte zur Grünen, Silbernen und Goldenen Hochzeit.** Von H. J. Winkler, 80 Seiten	kart.	4,80
0255	**Großes Buch der Glückwünsche.** Hrsg.: Olaf Fuhrmann, 240 S., Zeichn.	kart.	9,80
0277	**Glückwunschverse für Kinder.** Von Bettina Ulrici, 80 Seiten	kart.	4,80
0069	**Festreden und Vereinsreden.** Von K. Lehnhoff, 72 Seiten	kart.	4,80

MEHR WISSEN UND KÖNNEN

Nr.	Titel		DM
0272	**Reden – Verhandeln – Diskutieren.** Von Georg Bauer, 112 Seiten	kart.	7,80
0076	**Die Redekunst, Redetechnik, Rednererfolg.** Von Kurt Wolter, überarbeitet von Dr. W. Tappe, 80 Seiten	kart.	4,80
0170	**Maschinenschreiben durch Selbstunterricht, Band I.** Von O. Fonfara, 84 S., Abb.	kart.	4,80
0252	**Maschinenschreiben durch Selbstunterricht, Band II.** Von Hanns Kaus, 84 S., Abb.	kart.	4,80
0274	**Tipps+Tapps.** Maschinenschreib-Fibel für Kinder. Von Hanns Kaus, 48 S., Abb.	kart.	3,80
0266	**Stenografie – leicht gelernt.** Von Hanns Kaus, 64 Seiten	kart.	5,80
0254	**Deutsch für Italiener.** Von I. Nadalin, 156 Seiten	kart.	8,80
0261	**Deutsch für Jugoslawen (serbo-kroatisch).** Von I. Hladek/E. Richter, 132 Seiten	kart.	8,80
0262	**Deutsch für Türken.** Von B. I. Rasch/E. Richter, 136 Seiten	kart.	8,80
0100	**Rechnen aufgefrischt.** Von H. Rausch, 108 Seiten	kart.	5,80
0127	**Buchführung leicht gefaßt.** Von R. Pohl, 104 Seiten	kart.	6,80
0224	**Trinksprüche, Richtsprüche, Gästebuchverse.** Von D. Kellermann, 80 S., Illustrat.	kart.	4,80

DEUTSCH – IHRE NEUE SPRACHE – ein Kursusprogramm für Ausländer

Nr.	Titel		DM
0327	**Deutsch, Ihre neue Sprache.** Grundbuch. Von H. J. Demetz und M. Puente, 212 S. mit etwa 200 Abb.	kart.	14,80
0328	**Deutsch, Ihre neue Sprache.** Lehrerheft	kart.	3,80
0329	**Italienisch.** Glossar	kart.	6,80
0330	**Spanisch.** Glossar	kart.	6,80
0331	**Serbo-Kroatisch.** Glossar	kart.	6,80
0332	**Türkisch.** Glossar	kart.	6,80
0333	**Griechisch.** Glossar	kart.	6,80
0334	**Portugiesisch.** Glossar	kart.	6,80
0335	**Arabisch.** Glossar	kart.	6,80

		DM
0336	**Englisch.** Glossar	kart. 6,80
0337	**Französisch.** Glossar	kart. 6,80
0338	**Tonband.** 13 cm, 9,5 cm/sec., 91 Min., Doppelspur	89,—
0339	**2 Compact-Cassetten.** 90 Min., einspurig	36,—
0340	**135 Diapositive.** Texterschließung der Lehreinheiten I–X	180,—

EHE UND FAMILIE

0251	**Vorbereitung auf die Geburt.** Schwangerschaftsgymnastik, Atmung, Rückbildungsgymnastik. Von Sabine Buchholz, 112 Seiten, 91 Fotos	kart. 6,80
0211	**Wie soll es heißen?** Von D. Köhr, 88 Seiten, Abbildungen	kart. 4,80
0287	**Kindergeburtstag.** Von Dr. Ilse Obrig, 104 S., 40 Abb., 11 Zeichn., Lieder mit Noten	kart. 5,80
0241	**Verse fürs Poesiealbum.** Von I. Wolter, 96 Seiten, 20 Abbildungen	kart. 4,80
0288	**Hochzeitszeitungen.** Von Hans-Jürgen Winkler, 104 S., 15 Abb., 1 Musterzeitung	kart. 5,80
0063	**Der gute Ton.** Von I. Wolter, 152 S., 38 Zeichn. und 8 Tabellen mit 28 Abb.	kart. 6,80
0046	**Erbrecht und Testament.** Von Dr. jur. H. Wandrey, 96 Seiten	kart. 6,80

SKETSCHE UND VORTRAGSBÜCHER

0247	**Sketsche.** Von M. Gering, 132 Seiten mit 16 Illustrationen	kart. 6,80
0091	**Vergnügliches Vortragsbuch.** Von J. Plaut, dem Altmeister des Humors, 192 Seiten	kart. 6,80
0188	**Die große Lachparade.** Von E. Müller, 108 Seiten	kart. 6,80
0149	**Lachen, Witz und gute Laune.** Von E. Müller, 104 Seiten	kart. 5,80
0157	**Humor für jedes Ohr.** Von H. Ehnle, 96 Seiten	kart. 5,80
0163	**Tolle Sachen zum Schmunzeln und Lachen.** Von E. Müller, 91 Seiten	kart. 5,80
0098	**So feiert man Feste fröhlicher.** Von Dr. Allos, 96 Seiten	kart. 5,80
0284	**Lustige Vorträge für fröhliche Feiern.** Von K. Lehnhoff, 96 Seiten	kart. 6,80
0130	**Karnevalsscherze und Büttenreden.** Von Dr. Allos, 136 Seiten	kart. 6,80
0216	**Narren in der Bütt.** Zusammengestellt von Th. Lücker, 112 Seiten	kart. 5,80
0354	**Damen in der Bütt.** Scherze, Büttenreden, Sketche. Von Traudi Müller. 120 S.	kart. 6,80
0304	**Helau und Alaaf.** Närrisches aus der Bütt. Von Erich Müller, 112 S.	kart. 6,80

WITZE

0220	**Der Stammtisch lacht.** Von D. Mann, 96 Seiten, Geschenkband	kart. 6,80
0285	**Ostfriesenwitze I.** Gesammelt und herausgegeben von Onno Freese, 80 Seiten	kart. 3,–
0286	**Ostfriesenwitze II.** Gesammelt von Enno van Rentjeborgh, 80 Seiten	kart. 3,–
0294	**Die Rache der Ostfriesen.** Von Peter Körner, 80 Seiten	kart. 3,—
0325	**Robert Lembkes Witzauslese.** 160 Seiten mit 10 Zeichn. von H. E. Köhler	gbd. 14,80
0381	**Ostfriesen-Allerlei.** Von Timm Bruhns, 104 Seiten mit einigen Karikaturen, Taschenbuchformat	kart. 4,80
0368	**Fred Metzlers Witze mit Pfiff.** Von Fred Metzler, 120 Seiten, Taschenbuchformat	kart. 6,80

GESELLIGKEIT, DENKSPORT UND QUIZ

0120	**Fidelitas und Trallala.** Von Dr. Allos, 104 Seiten, viele Abbildungen	kart. 6,80
0200	**Wir lernen tanzen mit dem Ehepaar Fern.** Von Ernst und Helga Fern, 168 Seiten, 125 Fotos und viele Schrittdiagramme	kart. 8,80
0249	**Wir lernen Modetänze mit dem Ehepaar Fern.** Von E. Fern, 128 S., mit 109 Fotos	kart. 7,80
0165	**Lustige Tanzspiele und Scherztänze.** Von E. Bäulke, 80 Seiten, Abbildungen	kart. 4,80
0192	**Wir geben eine Party.** Von R. Christian-Hildebrandt, 84 S., 8 Kunstdrucktafeln, Abb.	kart. 5,80
0362	**Denksport und Schnickschnack.** Von Jürgen Barto, 100 Seiten, 50 Abb.	kart. 6,80
0129	**Quiz.** Von R. Sautter, 96 Seiten	kart. 4,80
0246	**Großes Rätsel-ABC.** Von H. Schiefelbein, 416 Seiten, Efalin-Einband	gbd. 16,—
0182	**Rätsel lösen – ein Vergnügen.** Von E. Maier, 240 Seiten	kart. 9,80
0282	**Zaubertricks.** Von Jochen Zmeck, 244 Seiten, 115 Abbildungen	kart. 12,80

HOBBY – DO-IT-YOURSELF

Nr.	Titel		DM
0353	**Münzen.** Ein Brevier für Sammler. Von E. Dehnke, 128 S., viele Abbildungen . . .	kart.	6,80
0291	**Freizeit mit dem Mikroskop.** Von Martin Deckart, 132 S., 60 Fotos u. 4 Zeichnungen	kart.	8,80
0283	**Tonbandpraxis.** Von D. Pange, 84 Seiten, 15 Abbildungen	kart.	6,80
0342	**Schmalfilmen.** Von Uwe Ney. 100 S., viele Fotos, z. T. vierf., und Illustrationen . .	kart.	6,80
0320	**Häkeln und Makramee.** Von Dr. M. Stradal, 104 S., 243 Abb.	kart.	6,80
0205	**Stricken, häkeln, loopen.** Von Dr. M. Stradal, 96 Seiten, viele Abbildungen . . .	kart.	5,80
0185	**Selbstschneidern – mein Hobby.** Von H. Wöhlert, 128 Seiten, Abbildungen . . .	kart.	6,80
0183	**Moderne Basteleien für groß und klein.** Von I. Goldbeck, 84 S., viele Abbildungen	kart.	4,80
0269	**Das bunte Bastelbuch.** Von R. Scholz-Peters, 160 S., etwa 100 Abb., davon 40 farbig	kart.	8,80
0280	**Origami – die Kunst des Papierfaltens.** Von R. Harbin, 160 S., über 600 Zeichn.	kart.	8,80
0361	**Flugmodelle bauen und einfliegen.** Von W. Thies/W. Rolf, 160 Seiten, ca. 90 Abb. und 5 Faltpläne	kart.	9,80
0243	**Heimwerker-Handbuch.** Basteln und Bauen mit elektrischen Heimwerkzeugen. Von Bernd Käsch, 192 Seiten mit 180 Fotos und Zeichnungen	kart.	9,80
0289	**Selbst tapezieren und streichen.** Von D. Heitmann u. J. Geithmann, 96 S., 49 Fotos	kart.	5,80

DIE WELT ENTDECKEN

Farbig ausgestattete Jugendsachbücher für das Alter ab 8 Jahren
Aufgenommen in die Auswahlliste des Deutschen Jugendbuchpreises:

Nr.	Titel		DM
8001	**Autos.** Von Robert Wyatt, 48 S., 150 größtenteils vierfarbige Abb.	Pbd.	9,80
8002	**Eisenbahnen.** Von Rixon Bucknall, 48 S., 126 größtenteils vierfarbige Abb. . . .	Pbd.	9,80
8003	**Flugzeuge.** Von Kenneth Munson, 48 S., 132 größtenteils vierfarbige Abb. . . .	Pbd.	9,80
8004	**Schiffe.** Von Brian Benson, 48 S., 119 größtenteils vierfarbige Abb.	Pbd.	9,80
8005	**Ozeane.** Von Keith Andrews, 48 Seiten, ca. 150 größtenteils vierfarbige Abb. . .	Pbd.	9,80
8006	**Weltraum.** Von Kenneth Gatland, 48 Seiten, ca. 150 größtenteils vierfarbige Abb. .	Pbd.	9,80
8007	**Der Mensch und seine Umwelt.** Von A. Harris, 48 S., ca. 150 größtenteils vierf. Abb.	Pbd.	9,80
8008	**Die Erforschung des Erdinnern.** Von A. Davis, 48 S., ca. 150 größtenteils vierf. Abb.	Pbd.	9,80
8009	**Bewegliche Modelle zum Selbstbasteln.** Von H. T. Sutton, 48 S., über 150 Abb.	Pbd.	9,80
8010	**Kommunikationen.** Von J. Bear, 48 S., über 140 größtenteils vierf. Abb.	Pbd.	9,80
8011	**Der menschliche Körper.** Von J. Noel, 48 S., über 120 größtenteils vierf. Abb. . .	Pbd.	9,80
8012	**Altertum.** Von C. Goff, 48 S., über 120 größtenteilsl vierf. Abb.	Pbd.	9,80
8013	**Urzeit.** Von R.-A. Gale, 48 S., über 100 größtenteils vierf. Abb.	Pbd.	9,80
8014	**Das Wetter.** Von Bill Bailey, 48 Seiten, viele farbige Abb.	Pbd.	9,80
8015	**Hunde.** Von Rex Marchant, 48 Seiten, viele farbige Abb.	Pbd.	9,80
8016	**Pferde.** Von T. Webber, 48 Seiten, weit über 100, größtenteils vierfarbige Abb. . .	Pbd.	9,80
8017	**Mikroskop.** Von P. Kirkpatrick, 48 Seiten, über 100, größtenteils vierfarbige Abb. .	Pbd.	9,80

SPORT

Nr.	Titel		DM
0065	**Jiu-Jitsu.** Von B. Kressel, 84 Seiten, 83 Abbildungen	kart.	5,80
0111	**Neue Kniffe und Griffe im Jiu-Jitsu/Judo.** Von E. Rahn, 84 Seiten, 142 Fotos . .	kart.	5,80
0314	**Karate für alle.** Von Albrecht Pflüger, 112 Seiten mit 354 Fotos	kart.	8,80
0227	**Karate – ein fernöstlicher Kampfsport Band I.** Von A. Pflüger, 136 Seiten mit über 200 Fotos und Zeichnungen	kart.	9,80
0239	**Karate — Band II.** Von A. Pflüger, 160 Seiten mit 254 Abbildungen	kart.	9,80
0248	**Aikido.** Modernste japanische Selbstverteidigung. Von Gerd Wischnewski, 132 Seiten, 250 Abbildungen	kart.	9,80
0347	**Taekwon-Do.** Von K. Gil, 152 S., 387 Fotos	kart.	12,80
0305	**Judo.** Grundlagen und Methodik. Von Mahito Ohgo, 204 S., etwa 1000 Fotos . . .	kart.	14,80
0276	**Ju-Jutsu.** Waffenlose Selbstverteidigung. Von W. Heim/F.-J. Gresch, 155 S., Abb.	kart.	9,80
0352	**Judo.** Go Kyo-Kampftechniken. Von M. Ohgo, 152 S., über 400 Abb.	kart.	16,80
0233	**Sicher durch Selbstverteidigung.** Von A. Pflüger, 136 S., 310 Fotos u. Zeichnungen	kart.	7,80
0371	**Schön, schlank und fit mit Kareen Zebroff.** Von Kareen Zebroff, 176 S., 137 Abb.	kart.	20,—
0373	**Nunchaku – Waffe und Sport. Selbstverteidigung.** Von Albrecht Pflüger, 144 S., 247 Abb.	kart.	16,80
0375	**Tennis – Technik. Taktik. Regeln.** Von Harald Elschenbroich, 112 Seiten, 81 Abb.	kart.	6,80
0376	**Kung-Fu II – Theorie und Praxis klassischer und moderner Stile.** Von Manfred Pabst, 159 Seiten, 369 Abb.	kart.	12,80
0378	**Ju-Jutsu II – für Fortgeschrittene und Meister.** Von Werner Heim und Franz J. Gresch, 164 Seiten mit über 700 Abb.	kart.	16,80
0379	**Hap Ki Do – Grundlagen und Techniken koreanischer Selbstverteidigung.** Von Kim Sou Bong, 117 Seiten mit 152 Abb.	kart.	14,80

FALKEN BUNTE WELT

Antiquitäten

(4105) herausgegeben von Peter Philp, übersetzt von Britta Zorn, 144 Seiten mit über 250 Abbildungen, davon ca. 75 vierfarbig, Format 21 x 29 cm, gebunden, DM 19,80

Edelsteine und Mineralien

(4102) Von I. O. Evans, deutsch von K. F. Hasenklever, 128 Seiten, 140 vierfarbige und schwarz-weiße Abbildungen, gebunden, DM 19,80

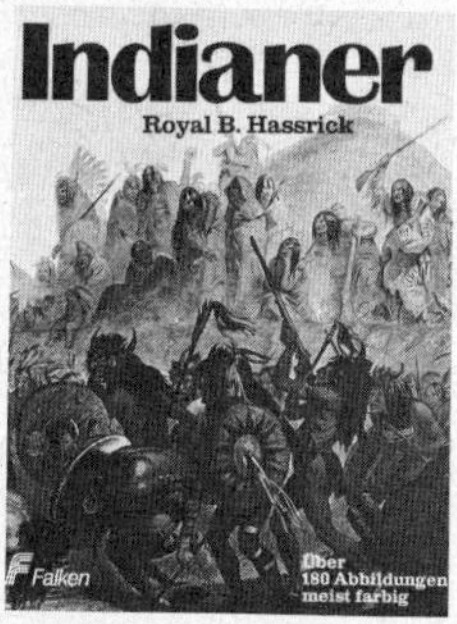

Indianer

(4106) Von Royal B. Hassrick, übersetzt von Friedrich Griese, 144 Seiten mit 200 Fotos, teils in Farbe, Format 21 x 29 cm, gebunden, DM 19,80

Feuerwaffen

(4101) Von Richard Akehurst, deutsch von Elisabeth Schwarz, 128 Seiten, 170 vierfarbige und schwarz-weiße Abbildungen, gebunden, DM 19,80

Katzen

Rassen · Aufzucht · Pflege
(4109) Von Grace Pond und Elizabeth Towe, deutsch von D. von Buggenhagen, 144 Seiten mit über 100 Farbfotos, Pbd., DM 16,80

Pferde

(4103) Von Judith Campbell, deutsch von Angelika Haug, 128 Seiten, 154 vierfarbige und schwarz-weiße, zum Teil nie veröffentlichte Fotos, gebunden, DM 19,80

DM

0321 **Gesundheit und Spannkraft durch Yoga.** Von Dr. L. Frank und U. Ebbers, 120 Seiten, 50 Fotos . . . . . kart. 6,80
0341 **Yoga für Jeden mit Kareen Zebroff.** 142 Seiten, 135 Abb. . . . . kart. 18,—
0349 **Yoga für Mütter und Kinder.** Von Kareen Zebroff, 128 Seiten, 139 Abbildungen . . kart. 18,—
0279 **Basketball. Übungen und Technik für Schule und Verein.** Von Chris Kyriasoglou, 116 Seiten, 186 Fotos, 164 Zeichnungen . . . . . kart. 12,80
0351 **Volleyball.** Von H. Huhle, 102 S., 100 Abb. . . . . kart. 9,80
0343 **Golf.** Von J. C. Jessop, 160 S., 50 Fotos . . . . . kart. 14,80
0350 **Bowling.** Von L. Belissimo, 144 S., Fotos . . . . . kart. 9,80
0191 **Fibel für Kegelfreunde.** Von G. Bocsai, 80 Seiten, über 60 Abbildungen . . . . kart. 4,80
0271 **Beliebte und neue Kegelspiele.** Von G. Bocsai, 92 Seiten, Zeichnungen . . . . kart. 4,80
0363 **Tischtennis modern gespielt.** Von O. Brucker/T. Harangozo, 120 Seiten, 65 Abb. . kart. 9,80
0198 **Angeln.** Von E. Bondick, 96 Seiten mit über 100 Abbildungen . . . . . kart. 4,80
0324 **Sportfischen.** Von Helmut Oppel, 144 Seiten mit Fotos, Abb. und Farbtafeln . . . kart. 8,80
0267 **Tauchen** – Grundlagen, Training, Praxis. Von W. Freihen, 136 Seiten, 50 Fotos kart. 9,80
0316 **Segeln.** Von H. und L. Blasy, 112 Seiten, 54 Fotos und Abb. . . . . kart. 6,80
0366 **Gesund und fit durch Gymnastik.** Von H. Pilss-Samek, 132 S. mit 150 Abb. . . . kart. 7,80
0367 **Kung Fu** – Grundlagen, Technik, mit 370 Fotos. Von Bruce Tegner, deutsche Bearbeitung von Albrecht Pflüger, 182 S. . . . . . kart. 14,80
0369 **Skischule.** Von Ch. und R. Kerler, 128 Seiten mit 100 Fotos . . . . . kart. 7,80

GARTEN, PFLANZEN, TIERE UND NATUR

0300 **Ikebana Band 1: Moribana.** Von Gabriele Vocke, 160 S., 40 Vierfarbtafeln, über 50 Schwarzweißfotos und Grafiken . . . . . Ppb. 19,80
0348 **Ikebana Band 2: Nageire.** Von G. Vocke, ca. 160 S., 32 Farbtafeln . . . . . Ppb. 19,80
0319 **Arbeitsheft zum Lehrbuch IKEBANA Bd. 1.** Von G. Vocke, 79 S., zahlreiche Grafiken kart. 6,80
0199 **Fibel für Kakteenfreunde.** Von H. Herold, 92 Seiten, Farbtafeln . . . . . kart. 6,80
0245 **Die farbige Kräuterfibel.** Von I. Gabriel, 196 S., 144 Abb., davon 49 farbig . . . gbd. 12,80
0215 **Das farbige Pilzbuch.** Von Keller-Kronberger, 132 Seiten, 105 farbige Abbildungen gbd. 8,80
0009 **Das neue Hundebuch.** Von W. Busack, überarbeitet von Dr. Hacker, 64 Seiten, zahlreiche Abbildungen auf Kunstdrucktafeln . . . . . kart. 5,80
0346 **Hundeausbildung.** Von R. Menzel, 94 S., 18 Fotos . . . . . kart. 7,80
0073 **Der deutsche Schäferhund.** Von Dr. Hacker, 104 S., viele Abb. auf Kunstdrucktafeln kart. 6,80
0153 **Das Süßwasser-Aquarium.** Von W. Baehr, 132 S., Zeichn. und mehrfarbige Tafeln kart. 6,80
0281 **Das Meerwasser-Aquarium.** Von Hans J. Mayland, 146 S., 200 Abb., viele vierfarbig kart. 9,80
0290 **Vögel.** Ein Beobachtungs- und Bestimmungsbuch. Von Dr. Winfried Potrykus, 120 Seiten, 176 Abbildungen davon 160 farbig . . . . . gbd. 9,80
0372 **Tiernamen-ABC für Züchter und Tierfreunde.** Von Hans Schiefelbein, 104 Seiten kart. 5,80
0380 **Pilze erkennen und benennen.** Von J. Raithelhuber, 136 Seiten mit über 100 Abb. kart. 7,80

ESSEN, TRINKEN UND HAUSHALT

0323 **Miekes Kräuter- und Gewürzkochbuch.** Von I. Persy und K. Mieke, 96 S., 8 Farbt. kart. 6,80
0315 **Modern Kochen.** 104 Seiten, 8 Farbtafeln . . . . . kart. 6,80
0345 **Garen im Herd.** Von E. Exner, 96 S., 9 Farbtafeln . . . . . kart. 6,80
0317 **Computer-Menüs zum Schlankwerden.** Von Dr. Maria Wagner und Ulrike Schubert, 92 Seiten, mit vielen Tabellen . . . . . kart. 6,80
0364 **Alles mit Obst.** Von M. Hoff/B. Müller, 96 Seiten, 8 Farbtafeln . . . . . kart. 6,80
0360 **Schonkost heute.** Von M. Oehlrich/U. Schubert, 140 Seiten, 8 Farbtafeln . . . . kart. 9,80
0265 **Schnell gekocht – gut gekocht.** Von Irmgard Persy, 96 Seiten, vierfarbige Tafeln kart. 6,80
0169 **Leckereien vom Spieß oder Grill.** Von J. Zadar, 80 Seiten, Abbildungen . . . . kart. 5,80
0222 **88 köstliche Salate.** Von Chr. Schönherr, 104 Seiten, 8 Farbtafeln . . . . . kart. 6,80
0357 **Saucen.** Von Giovanni Cavestri, 96 S., 12 Farbtafeln . . . . . kart. 7,80
0365 **Fritieren – neu.** Von Marianne Bormio, 96 Seiten . . . . . kart. 6,80
0370 **Selbst Brotbacken.** Von Jens Schiermann, 80 Seiten . . . . . kart. 6,80
0356 **Tee für Genießer.** Von Marianne Nicolin, 64 S., 4 Farbt. . . . . . kart. 5,80
0075 **Cocktails und Mixereien.** Von J. Walker, 104 Seiten, Zeichnungen . . . . . kart. 4,80
0187 **Neue Cocktails und Drinks.** Von Chr. Taylor, 84 Seiten, Zeichnung., Geschenkband kart. 6,80
0382 **Alles mit Joghurt – tagfrisch selbstgemacht. Mit vielen Rezepten.** Von Gerda Volz, 88 Seiten mit 8 Farbtafeln . . . . . kart. 6,80
0374 **Kalorien. Joule – Eiweiß. Fett. Kohlehydrate.** Von Marianne Bormio, 88 Seiten kart. 4,80

GESUNDHEIT

0110 **Fibel für Zuckerkranke.** Von Dr. med. Th. Kantschew, 132 S., Zeichn. und Tab. kart. 6,80
0106 **Die Leber- und Gallenleiden.** Von Dr. med. W. Rohrbach, Dr. med. F. Hube. 72 S. kart. 6,80

Falken farbig

Falken-farbig ist eine Auswahl praktischer und preiswerter Gebrauchsbücher, mit herrlichen Farbbildern ausgestattet. Die Titel sind besonders zum Verschenken geeignet: Für Freunde und Kollegen, für anspruchsvolle Liebhaber schöner Dinge, für Spezialisten und Hobbyisten.

Oldtimer
Von H. P. Tillenburg, gbd., DM 9,80
64 Seiten, über 50 Farbabb., Best.-Nr. 5019

Desserts und süße Leckerbissen
Von Margit Gutta, gbd., DM 9,80
64 Seiten, 38 Farbabb., Best.-Nr. 5020

Kakteen
Von Werner Hoffmann, gbd., DM 9,80
64 Seiten, 67 Farbabb., Best.-Nr. 5021

Österreichische Küche
Von Helga Holzinger, gbd., DM 9,80
64 Seiten, 35 Farbabb., Best.-Nr. 5022

Zimmerpflanzen
Von Inge Manz, gbd., DM 9,80
64 Seiten, 98 Farbabb., Best.-Nr. 5010

Fondues
Von Eva Exner, gbd., DM 9,80
64 Seiten, 20 Farbabb., Best.-Nr. 5006

Weiterhin sind in dieser Reihe erschienen:

für Hobbyköche und Genießer:

Grillen (Best.-Nr. 5001)
Salate (Best.-Nr. 5002)
Der schön gedeckte Tisch (Best.-Nr. 5005)
Chinesisch kochen (Best.-Nr. 5011)
Kalte Platten (Best.-Nr. 5015)
Französisch kochen (Best.-Nr. 5016)
Mixen (Best.-Nr. 5017)

für Garten- und Blumenfreunde:

Gärtnern für Anfänger (Best.-Nr. 5004)
Blumenpracht im Garten (Best.-Nr. 5014)

für Hobby und Freizeit:

Aquarienfische (Best.-Nr. 5003)
Heiße Öfen (Best.-Nr. 5008)
Segeln (Best.-Nr. 5009)
Die Selbermachers renovieren ihre Wohnung (Best.-Nr. 5013)
Tanzstunde (Best.-Nr. 5018)

für Kinder:

Lirum, larum, Löffelstiel (Best.-Nr. 5007)
Zeichnen und malen leicht gemacht (Best.-Nr. 5012)

KARTEN-, UNTERHALTUNGS- UND ANDERE SPIELE

Nr.	Titel		DM
0095	**Neues Buch der Kartenspiele.** Von K. Lichtwitz, 84 Seiten	kart.	4,80
0206	**Das Skatspiel.** Von K. Lehnhoff, bearbeitet von Alt-Skatmeister P. A. Höfges, 96 S.	kart.	4,80
0141	**Die Bridge-Fibel.** Von H. Landsberg, 144 Seiten	kart.	9,80
0104	**Das Schachspiel.** Von W. Wollenschläger, 72 Seiten, Diagramme	kart.	4,80
0219	**Taktik und Probleme des Schachspiels.** Von R. Teschner, 96 Seiten, viele Schachdiagramme	kart.	5,80
0121	**Roulette richtig gespielt.** Von M. Jung, 96 Seiten, zahlreiche Tabellen	kart.	6,80
0270	**Spiele für zwei Personen.** Von I. Wolter, 148 Seiten, viele Zeichnungen	kart.	6,80

FALKEN FARBIG

Nr.	Titel		DM
5001	**Grillen.** Von Inge Zechmann, 64 Seiten, 38 Farbabb.	gbd.	9,80
5002	**Salate.** Von Inge Zechmann, 64 Seiten, 47 Farbabb.	gbd.	9,80
5003	**Aquarienfische des tropischen Süßwassers.** Von Hans J. Mayland, 64 Seiten, 98 Farbabb.	gbd.	9,80
5004	**Gärtnern für Anfänger.** Von Inge Manz, 64 Seiten, 38 Farbabb.	gbd.	9,80
5005	**Der schön gedeckte Tisch.** Von R. Stender, 64 S., 62 Farbabbildungen	gbd.	9,80
5006	**Fondues.** Von Eva Exner, 64 Seiten, 20 Farbabbildungen	gbd.	9,80
5007	**Lirum, larum Löffelstiel.** Ein Kinderkochkursus. Von I. Becker, 64 Seiten, 50 vierfarbige Abb. und Illustrationen, Spiralheftung	kart.	7,80
5008	**Heiße Öfen.** Von H. Briel, 64 S., 63 Farbabb.	gbd.	9,80
5009	**Segeln.** Von Horst Müller, 64 S., 40 Farbabb.	gbd.	9,80
5010	**Zimmerpflanzen.** Von I. Manz, 64 S., 98 Farbabb.	gbd.	9,80
5011	**Chinesisch kochen.** Von K.-H. Haß, 64 S., 33 Farbabb.	gbd.	9,80
5012	**Zeichnen und malen leicht gemacht.** Von C. Timm, 64 S., 120 Farbabb.	gbd.	9,80
5013	**Die Selbermachers renovieren ihre Wohnung.** Von W. Köhnemann, 148 S., viele Farbabb.	kart.	14,80
5014	**Blumenpracht im Garten.** Von Inge Manz, 64 Seiten, 93 Farbabb.	gbd.	9,80
5015	**Kalte Platten – Kalte Büfetts.** Von Margit Gutta, 64 Seiten, 33 Farbabb.	gbd.	9,80
5016	**Französisch kochen.** Von Margit Gutta, 64 Seiten, 35 Farbabb.	gbd.	9,80
5017	**Mixen mit und ohne Alkohol.** Von Holger Hofmann, 64 Seiten, 35 Farbabb.	gbd.	9,80
5018	**Tanzstunde.** Von Gerhard Hädrich, 118 Seiten, ca. 370 Fotos und Schrittskizzen	gbd.	15,–
5019	**Oldtimer.** Die technische Entwicklung des Autos. Von H. P. Tillenburg, 64 Seiten, über 50 Fotos	gbd.	9,80
5020	**Desserts und süße Leckerbissen.** Von M. Gutta, 64 Seiten mit 38 Farbabb.	gbd.	9,80
5021	**Kakteen. Herkunft, Anzucht, Pflege.** Von Werner Hoffmann, 64 Seiten mit 67 Farbabbildungen	gbd.	9,80
5022	**Österreichische Küche.** Von Helga Holzinger, 64 Seiten mit 35 Abb.	gbd.	9,80
5023	**Die lieben Haustiere.** Von Justus Pfaue, etwa 128 Seiten, viele Abb.	kart. ca.	12,80
5024	**Gemüse und Kräuter – frisch und gesund aus eigenem Anbau.** Von Mechtild Hahn, 64 Seiten, 71 Abb.	gbd.	9,80
5025	**Deutsche Spezialitäten.** Von R. Piwitt, 64 Seiten, 36 Abb.	gbd.	9,80
5026	**Italienische Küche.** Von Margit Gutta, 64 Seiten, 33 Abb.	gbd.	9,80
5027	**Tanzstunde 2 – Figuren für Fortgeschrittene.** Von Gerd Hädrich, 72 S., 233 Abb.	gbd.	10,–
5028	**Segelsurfen – Handbuch für Grundschein und Praxis.** Von Calle Schmidt, 64 S., mit 40 bis 50 Abb.	gbd.	9,80
5030	**Wie behandle ich meinen Chef? Praktische Psychologie für Erfolg im Beruf.** 80 Seiten mit einigen Karikaturen	gbd.	9,80

FALKEN + ASS

Nr.	Titel		DM
2001	**Kartenspiele.** Von C. D. Grupp, 144 Seiten	kart.	7,80
2002	**Spielend Schach lernen.** Von Th. Schuster, 128 Seiten	kart.	6,80
2003	**Patiencen in Wort und Bild.** Von I. Wolter, 136 S.	kart.	7,80
2004	**Spieltechnik im Bridge.** Von V. Mollo / N. Gardener, deutsche Adaption von D. Schröder, etwa 200 Seiten	kart.	16,80
2005	**Alles über Skat.** Von G. Kirschbach, 144 Seiten	kart.	7,80
2006	**Gesellschaftsspiele für drinnen und draußen.** Von Heinz Görz, 128 S.	kart.	6,80
2007	**Würfelspiele.** Von Friedrich Pruss, 112 Seiten	kart.	6,80
2008	**Backgammon für Anfänger und Könner.** Von G. W. Fink und G. Fuchs, 112 Seiten, viele Zeichnungen	kart.	9,80
2009	**Kinderspiele, die Spaß machen.** Von H. Müller-Stein, 112 Seiten mit vielen Abb.	kart.	6,80
2010	**Kartentricks.** Von T. A. Rosée, 80 Seiten, viele Zeichnungen	kart.	5,80
2011	**Spiele für Kleinkinder.** Von Dieter Kellermann, 80 Seiten	kart.	5,80
2012	**Spielend Bridge lernen.** Von Josef Weiss. 108 Seiten	kart.	7,80
2013	**Glücksspiele mit Kugel, Würfel und Karten.** Von Claus D. Grupp, 116 Seiten	kart.	7,80
2014	**Spielen mit Rudi Carrell – 113 Spiele für Party und Familie.** Von Rudi Carrell, 160 Seiten mit vielen Abb.	gbd.	14,80

Falken Sachbücher

FAMILIE UND FREIZEIT

Das Aquarium
Einrichtung, Pflege und Fische für Süß- und Meerwasser

334 Seiten mit über 200 Farbabbildungen und Farbtafeln sowie 150 Zeichnungen und Skizzen
DM 36,– (Best.-Nr. 4029)

Moderne Fotopraxis
Bildgestaltung · Aufnahmepraxis · Kameratechnik · Fotolexikon

304 Seiten mit über 200 Abbildungen, davon 50 vierfarbig
DM 29,80 (Best.-Nr. 4030)

Der praktische Hausarzt

768 Seiten, über 550 Abbildungen und 16 Farbtafeln
DM 19,80 (Best.-Nr. 4011)

Ikebana-modern
Die Kunst des Blumenarrangierens

168 Seiten, davon 40 ganzseitige Vierfarbtafeln und viele Zeichnungen, DM 36,– (Best.-Nr. 4031)

Großes Kräuter- und Gewürzbuch

608 Seiten, 40 Farbtafeln und etwa 300 Abbildungen, gebunden DM 26,– (Best.-Nr. 4026)
Eine Zusammenstellung von über 300 Kräutern und ihre Anwendung als Heilpflanzen und Gewürze

Zeitgemäße Beschäftigung mit Kindern

512 Seiten, 16 Farbtafeln,
DM 29,80 (Best.-Nr. 4025)

Wir spielen
hunderte Spiele für einen und viele
(4034) Von Heinz Görz,
430 Seiten mit 370 farbigen Zeichnungen, gbd., DM 26,–

DIE GROSSEN FALKENBÜCHER

4003 **Ich bekomme ein Kind**
Von Ursula Klamroth und Wibke Bruhns unter Mitarbeit mehrerer Fachärzte. 268 Seiten, 90 Fotos und 32 Grafiken, gbd., vierfarbiger Schutzumschlag, DM 16,80

4009 **Großes Buch festlicher Reden und Ansprachen**
Eine Mustersammlung insbesondere für öffentlich-rechtliche und wirtschaftliche Veranstaltungen. Unter Mitwirkung zahlreicher Fachautoren, herausgegeben von Dipl.-Kfm. Frank Sicker. 448 Seiten, Lexikon-Format, Ganzleinen gebunden. DM 34,–

4011 **Der praktische Hausarzt**
Ein hausärztlicher Ratgeber. Unter Mitarbeit vieler Fachärzte koordiniert von Dr. Eric Weiser. 700 Seiten, über 500 Fotos und Zeichnungen sowie 16 mehrfarbige Bildtafeln. Format 17 x 24 cm, Festband, cellophanierter Schutzumschlag, DM 19,80.

Aus dem Inhalt: Bau und Funktion des menschlichen Körpers – Gesunde Lebensweise – Natürliche Hygiene des Geschlechts- und Ehelebens – Gesundheitspflege der Frau, des Säuglings und Kindes – Der kranke Mensch und seine Behandlung – Das Naturheilverfahren und praktische Ratschläge für Krankheit und Unfall – Erste Hilfe bei Unfällen – Die verschiedenen Diätformen.

4013 **Judo – Grundlagen des Stand- und Bodenkampfes**
Geschlossener Lehrgang sämtlicher Judo-Techniken von W. Hofmann. 228 Seiten, fast 600 Fotos, Großformat, gebunden DM 26,–

Wolfgang Hofmann ist Deutschlands erfahrenster Judo-Fachmann. Nach 12 deutschen und 3 Europa-Meisterschaften krönte er seine sportliche Laufbahn mit der Silbermedaille bei der Olympiade in Tokio.

4014 **Moderne Korrespondenz**
Von H. Kirst und W. Manekeller. 568 Seiten, gebunden ca. DM 39,–

Durch bessere Briefe mehr Erfolg! Hier liegt der umfassende Ratgeber aus der Praxis für die Praxis unter Berücksichtigung aller Formen und DIN-Normen vor.

4015 **Umgangsformen heute**
Die Empfehlungen des Fachausschusses für Umgangsformen. 308 Seiten, ca. 150 Fotos und 50 Abbildungen, gebunden, DM 24,–

4018 **Basteln und werken mit tesa**
Farbenfroh und kinderleicht. Von Friedericke Baresel-Anderle. 256 Seiten, über 300 vierfarbige Abbildungen, Pappband, DM 22,–

Über 200 Bastelanleitungen für die verschiedensten Materialien: Papier, Karton, Pappe, Filz, Leder, Holz, Kreide, Draht und Metall sowie für Materialien aus der Natur und dem Haushalt.

4022 **Der große Rätselknacker**
Über 100 000 Rätselfragen. Zusammengestellt von H.-J. Winkler, 544 Seiten, Lexikonformat, kart. DM 19,80

4024 **Flugzeuge**
Von E. Angelucci, deutsche Bearbeitung von Edouard Schartz. 288 Seiten, viele Farbabbildungen, Balacron-gbd. DM 36,–
1000 Maschinen aus aller Welt mit sämtlichen technischen Daten – vom ersten Fluggerät bis zum Überschalljet.

4025 **Zeitgemäße Beschäftigung mit Kindern**
Von Ingeborg Rathmann. 496 Seiten, über 400 Abb., gebunden DM 29,80
Vielfältige Anregungen zum Spielen, Lernen und zur Unterhaltung für kleine und große Kinder.

4026 **Großes Kräuter- und Gewürzbuch**
Von Heinz Görz. 648 Seiten, über 200 Zeichnungen, farbig, gbd. DM 26,–
Heilkräuter-Erkennung und ihre Anwendung, Gewürzgewinnung, Lagerung und Verarbeitung. Mit vielen Rezepten.

4028 **Karate-Do**

Das Handbuch des modernen Karate.
Von Albrecht Pflüger, 360 Seiten, über 1100 Abb., gbd. DM 28,–
Eine umfassende und mit über 1100 Abbildungen illustrierte Darstellung des modernen Karate für Anfänger, Fortgeschrittene und Meister.

4029 **Das Aquarium**

Einrichtung, Pflege und Fische für Süß- und Meerwasser. Von Hans J. Mayland, 352 Seiten mit über 200 Farbabbildungen und Farbtafeln sowie 150 Zeichnungen und Skizzen, Format 19,5 x 21 cm, Balacron mit vierfarbigem Schutzumschlag, abwaschbare Polyleinprägung, DM 36,–

4030 **Moderne Fotopraxis**

Bildgestaltung – Aufnahmepraxis – Kameratechnik. Fotolexikon. Von Wolfgang Freihen, 360 Seiten mit über 200 Abbildungen, davon 50 vierfarbig, Format 19,5 x 21 cm, Balacron mit vierfarbigem Schutzumschlag, abwaschbare Polyleinprägung, DM 29,80

4031 **Ikebana modern**

Die Kunst des Blumenarrangierens. Von G. Vocke, 168 S., davon 40 ganzseitige Vierfarbtafeln und viele Zeichnungen, Format 21 x 26 cm. Ganzleinen mit vierfarbigem, cellophaniertem Schutzumschlag, DM 36,–

4032 **Grillen – drinnen und draußen**

Von C. Arius, 160 Seiten mit 35 ganzseitigen Vierfarbtafeln, Format 19,5 x 21 cm, Balacroneinband, gbd., DM 19,80

4033 **Kinderfeste – daheim und in Gruppen**

Von Gerda Blechner, 240 Seiten mit vielen Abb., Format 19,5 x 21 cm, Balacroneinband, DM 19,80

FALKEN BUNTE WELT

4101 **Feuerwaffen**

Von Richard Akehurst. 128 Seiten, 170 vierfarbige und schwarz-weiße Abbildungen, gebunden DM 19,80

4102 **Edelsteine und Mineralien**

Von I. O. Evans, 128 Seiten, 140 vierfarbige und schwarz-weiße Abbildungen, gebunden DM 19,80

4103 **Pferde**

Von Judith Campbell. 140 Seiten, 154 vierfarbige und schwarz-weiße Abbildungen, gebunden DM 19,80

4104 **Wildtiere Europas**

Von Maurice Burton, deutsche Bearbeitung Michael Geisthardt, 172 Seiten, 230 farbige Abbildungen, gbd. DM 24,–

Die heute in Europa in freier Natur lebenden Tiere werden in einer Fülle prächtiger vierfarbiger Bilder vorgestellt.

4105 **Antiquitäten**

Von Peter Philp. 144 Seiten mit über 250 Abbildungen, davon ca. 75 vierfarbig, gebunden, DM 19,80

4106 **Indianer**

Von Royal B. Hassrick, 144 Seiten mit 200 Fotos, teils in Farbe, gbd., DM 19,80

4107 **Cowboys**

Von Royal B. Hassrick, dt. von R. Schastock, 141 Seiten, über 160 Abb., meist vierfarbig, Pbd., DM 19,80

4108 **Kampfsport Fernost**

Kung-Fu. Judo. Karate. Kendo. Aikido. Von Jim Wilson, dt. von H.-J. Hesse, 88 Seiten mit 164 Abb., meist farbig, Pbd., DM 22,–

Wilhelm Busch-Ausgaben

3028	**Wilhelm-Busch-Album.** 405 Seiten, 1700 farbige Abb.	Ln.	DM 36,–
3062	**Humoristischer Hausschatz.** Von W. Busch, 368 S., 1600 Abb.	gbd.	DM 16,80
3032	**Kritik des Herzens.** Von W. Busch, 100 Seiten	gbd.	DM 9,80
3034	**Schein und Sein.** Gedichte, von W. Busch, 114 Seiten	Ln.	DM 9,80

Sonderausgaben

9038	**Gut kochen.** Von Stefanie Michael. Über 500 Rezepte mit genauer Kalorienangabe auf 230 Seiten mit 16 Farbtafeln. . . .	gbd.	DM 9,80
9041	**Das große Gartenbuch.** Von J. K. Gassner. 320 Seiten, viele ein- und mehrfarbige Abbildungen. Großformat.	gbd.	DM 12,80

Falls durch Preiserhöhungen der Lieferanten Änderungen erforderlich werden, erfolgt Auftragserledigung zu dem bei Lieferung gültigen Preis.

Alle hier genannten Preise entsprechen dem Stand bei Drucklegung dieses Verzeichnisses.

FALKEN-VERLAG ERICH SICKER KG · 6272 NIEDERNHAUSEN/TS.

BESTELLSCHEIN (Bitte ausschneiden und als Briefdrucksache frankiert im Umschlag einsenden)

Ich bestelle hiermit aus dem Falken-Verlag, Postfach 1120, 6272 Niedernhausen/Ts., durch die Buchhandlung:

.... Ex. ....

.... Ex. ....

.... Ex. ....

.... Ex. ....

.... Ex. ....

Name: .... Ort: ....

Beruf: ....Straße u. Nr. ....

Datum: .... Unterschrift: ....